民國文化與文學^{研究}

民國文化與文學 研究文叢

五　編

李　怡　主編

第 **23** 冊

黑馬甲：民國時代的左翼電影
—— 1932 ～ 1937 年現存中國電影文本讀解（上）

袁慶豐 著

國家圖書館出版品預行編目資料

黑馬甲：民國時代的左翼電影——1932～1937年現存中國電
影文本讀解（上）／袁慶豐 著 -- 初版 -- 新北市：花木蘭文化
出版社，2015〔民104〕
序 4+ 目 2+172 面：19×26 公分
（民國文化與文學研究文叢 五編：第23冊）
ISBN 978-986-404-265-4（精裝）
1. 影評 2. 左派
541.26208   104012158

特邀編委（以姓氏筆畫為序）：

丁　帆	王德威	宋如珊
岩佐昌暲	奚　密	張中良
張堂錡	張福貴	須文蔚
馮　鐵	劉秀美	

ISBN-978-986-404-265-4

9 789864 042654

民國文化與文學研究文叢
五 編 第二三冊
ISBN：978-986-404-265-4

黑馬甲：民國時代的左翼電影
—— 1932～1937年現存中國電影文本讀解（上）

作　　者　袁慶豐
主　　編　李　怡
企　　劃　四川大學現代中國文化與文學研究中心
　　　　　北京師範大學民國歷史文化與文學研究中心
總 編 輯　杜潔祥
副總編輯　楊嘉樂
編　　輯　許郁翎
出　　版　花木蘭文化出版社
社　　長　高小娟
聯絡地址　235 新北市中和區中安街七二號十三樓
　　　　　電話：02-2923-1455／傳眞：02-2923-1452
網　　址　http://www.huamulan.tw 信箱 hml810518@gmail.com
印　　刷　普羅文化出版廣告事業
初　　版　2015 年 9 月
全書字數　201796 字
定　　價　五編 24 冊（精裝）新台幣 45,000 元

黑馬甲：民國時代的左翼電影
—— 1932～1937 年現存中國電影文本讀解（上）

袁慶豐　著

作者簡介

　　袁慶豐，男，1963 年生。上海華東師範大學文學博士（1993）。北京大學（1996 ～ 1998、2000 ～ 2002）、美國 TCC 社區學院（1999）、北京電影學院（2009 ～ 2013）訪問學者。中國傳媒大學副教授（1996）、教授（2002）、電影學專業博士生導師（2009）。

　　著有《黑乳罩：1949 年後外國電影在中國大陸的文化傳播和世俗影響》（臺灣花木蘭文化出版社 2015 年版）、《黑棉襖：民國文化中的舊市民電影——1922 ～ 1931 年現存中國電影文本讀解》（臺灣花木蘭文化出版社 2014 年版）、《新世紀中國電影讀片報告》（中國傳媒大學出版社 2014 年版）、《黑夜到來之前的中國電影——1937 年現存國產影片文本讀解》（中國廣播電視出版社 2012 年版）、《黑白膠片的文化時態——1922 ～ 1936 年中國早期電影現存文本讀解》（上海三聯書店 2009 年版）、《欲將沉醉換悲涼——郁達夫傳》（上海文藝出版社 1998 年第一版、香港花千樹出版有限公司 2001 年海外繁體字版、中國傳媒大學出版社 2010 年第三版）、《靈魂的震顫——文學創作心理的個案考量》（學術論文集，北京廣播學院出版社 2002 年版）、《郁達夫：掙扎於沉淪的感傷》（山東文藝出版社 1997 年版）。近十年來致力於中國電影歷史理論、中外經典電影文本研究，以及外國電影在中國大陸的傳播等方面的教學科研。

提　　要

　　本書的作者素來以電影個案研討見長，本書是其又一部全部以個案分析爲形式和特點的民國電影研究專著。其以現存的、公眾可以看到的電影文本爲依據，從當時的社會生態、文化生態和電影製作生態等領域和角度，對出品於 1932 年至 1937 年的 16 部左翼電影逐一詳盡分析和深入讀解，具有強烈的理論原創性和讀解創新性特徵。

　　作者根據現存的、公眾可以看到的文本認爲，1932 年左翼電影出現之前的中國電影，都屬於以舊文化和舊文學爲取用資源的舊市民電影形態，包括左翼電影在內的新電影，則均以新文化和新文學爲文化資源或參證、批判對象。

　　其次，左翼電影是當時社會尤其是電影市場的自然產物，左翼電影出現於 1932 年而不是 1933 年，作爲最早的左翼電影編導和代表人物之一，孫瑜的作品對左翼電影的經典化和模式化具有奠基性的標杆意義。

　　再次，1930 年代初期新電影出現後，左翼電影僅是其中的一種，與新民族主義電影（出現於 1932 年）、新市民電影（出現於 1933 年）等同生共存，既有區別甚至對立，又有互滲、互動，且並非是以往大陸電影史研究所認爲的唯一的「進步」或「優秀」的電影形態。

　　又次，1936 年出現的國防電影（運動），既是左翼電影的升級換代版本，也是左翼電影開始消亡的標識；而 1949 年後的中國大陸電影，又與 1930 年代的左翼電影存在著內在和外在的邏輯關聯。

　　本書觀點均從實證出發，不僅種種議論獨樹一幟，且表述形式特別，值得推薦點評。

謹以此書獻給

談瑛飾演的史夫人
（《風雲兒女》，1935，電通）
和
上海女工阿芳
（1917～1957）

民國文學：闡釋優先，史著緩行
——第五輯引言

李 怡

中國學界提出「民國文學」的概念已經超過十五年了，〔註1〕在新一波的文學史寫作的潮流之中，人們對民國文學的研究也出現了一種期待，就是希望盡快見到一部《民國文學史》，似乎只有完整的文學通史才足以證明「民國文學」研究的合理性，或者說在當前林林總總的文學史寫作意見裏，證明自己作為新的學術範式的存在。在我看來，受各種主客觀條件的限制，目前最需要開展的工作還不是撰寫一部體大慮深的文學史著，而是努力從不同的角度深入勘探、考察，對這一段歷史提出新的解釋。

一

眾所周知，中國文化具有悠久漫長的「治史」傳統。在一個宗教裁決權並沒有獲得普遍認可的國度，人們傾向於相信，通過歷史框架的確立可以達到某種裁決與審判的高度，所謂「名刊史冊，自古攸難，事列春秋，哲人所重。」〔註2〕中國最早的史官除了司職記事，還負責主持祭祀，占卜吉凶，溝通神靈。史不僅可以成為「資治通鑒」，甚至還具有某種道德的高度，所謂「孔子成《春秋》，亂臣賊子懼」，〔註3〕史家如司馬遷等也是以「究天人之際，通古今之變」自我期許。

〔註1〕 中國大陸最早的「民國文學」設想出現在 1997 年（陳福康），最早的理論倡導出現在 2000 年代早期（張福貴）。

〔註2〕 劉知幾撰，浦起龍釋：《史通通釋・人物》第 240 頁，上海：上海古籍出版社 1978 年版。

〔註3〕 《孟子・滕文公章句下》，見楊伯峻《孟子譯注》上冊 155 頁，中華書局 1960 年版。

文學史的出現原本是現代的事物，它顯然不同於古代的史官治史，這種來自西方的學術方式更屬於學院派知識份子的個體行為。但是，歷史的因襲依然存在，尤其是在一些世代交替的時節，無論是政治家還是知識份子本身，都自覺不自覺地認定「著史」可以樹立某種新的「標準」，完成對過往事物的「清算」。於是，如下一些史著的意義是可以被我們津津樂道的：

奠定中國現代文學學科的基礎是王瑤先生的《中國新文學史稿》。集中代表了撥亂反正過渡時期的文學史觀的是唐弢、嚴家炎先生主編的《中國現代文學史》。

體現了新時期的現代文學視野、集中展示研究新成果的是錢理群、陳平原、溫儒敏等人的《中國現代文學三十年》。

生動體現著「重寫文學史」意義的是陳思和的《中國當代文學史》。

展示 1990 年代以降學術研究的「歷史化」傾向的是洪子誠的《中國當代文學史》。

揭示「文學周邊」豐富景觀的是吳福輝獨撰的插圖本《中國現代文學史》。

錢理群主編的最新三卷本《中國現代文學編年史》展示了以「廣告為中心」的文學生產、流通、接受及其他社會文化環節，讓文學敘述的圖景再一次豐富而生動。

今天，隨著「民國文學」研究的呼聲漸起，在一系列命名和概念的討論之後，應該展示更多的文學史研究實績，只有充分的實績才能說明「民國社會歷史框架」的確具有特殊的文學視野價值，如何集中展示這些實績呢？目前容易想到的似乎就是編寫一部紮實厚重的《民國文學史》。

但是，在我看來，文學史編寫的工作固然重要卻又不可操之過急。因為，今天所倡導的「民國文學」，並不僅僅是一個名稱的改變（以「民國」替代「現代」），更重要的是一些研究視角和方法的調整。這些重要的改變至少包括：

正視民國歷史的特殊性，而不是簡單流於「半封建半殖民地」等等的簡略判斷。據史學界的知識考古，「半封建」一詞曾經出現在馬克思、恩格斯筆下，列寧第一次分別以「半封建」「半殖民地」指稱中國，以後共產國際以此描述中國現實，「半殖民地」一說並先後為中國國民黨人與中國共產黨人所接受，又經過蘇聯內部的理論爭鳴及共產國際的理論演繹，「半

封建半殖民地」的並稱出現在 1926 年以後，〔註4〕又經過 1930 年代初的「中國社會性質問題論戰」，逐步成爲中共領導的馬克思主義史學的基本概括。到延安時期，毛澤東最爲完整清晰地論述了這一學說，從此形成了對中國知識份子歷史認知的主導性影響，直到今天應該說都有其獨到的深刻的一面。但是作爲一種總體的社會性質的認定，是不是就完全揭示了民國歷史的特點呢？就不需要我們具體的歷史問題的研究了呢？當然不是。例如對「封建」一詞的定義在史學界一直爭議不已，民國時代的經濟已經明顯走上了資本主義的發展道路，忽略這一現實就無法解釋中國近現代工商業文化對於文學市場的重要作用，辛亥革命之後的中國儘管軍閥混戰，也難掩其專制獨裁的性質，但是卻也不是「帝國主義買辦與走狗」這樣的情感宣泄就能「一言以蔽之」的。對於民國史，國外史學界同樣多有研究，有自己的性質認定，這也需要我們加以研讀和借鑒。之所以強調這一點，乃是因爲在此之前的《中國現代文學史》，幾乎都是以主流史學界的社會性質概括作爲文學發展的前提，從舊民主主義革命到新民主主義革命就是中國現代文學發生發展的基礎，文學的偉大和深刻就在於如何更加深刻地反映了這一歷史過程，1980 年代以後，爲了急於從這些政治判斷中脫身，我們的文學史又試圖在「回到文學自身」的訴求中另闢蹊徑，所謂「審美的文學史」成爲了口號，但是關於中國現代文學在民國時代的諸多歷史基礎的辨析卻被擱置了起來，今天，如果不能正視民國歷史的特殊性，也就不能在文學的歷史前提方面有眞正的突破。

發掘民國社會的若干細節，揭示中國現代文學生存發展的具體語境。無論是政治、經濟、社會文化等方面，民國社會的種種特徵都直接影響了現代中國文學的生產、傳播和接受，決定著文學的根本生存環境。關於這方面的研究，最近幾年已經在「文化研究」的推動下頗有收穫，不過，鑒於文化研究在來源上的異質性，實際上我們的考察也還較多地襲用外來的文化

〔註4〕 一般認爲，1926 年上半年，蔡和森在莫斯科中共旅俄支部會上作《中國共產黨的發展（提綱）》，已經提到「半殖民地和半封建的中國」和「半封建半殖民地的國家」（《聯共（布）、共產國際與中國國民革命運動（1926～1927）》，下冊第 408 頁，北京圖書館出版社，1998 年），另據李洪岩考證，最早的「半殖民地半封建」字樣，則是 1926 年 9 月 23 日莫斯科中山大學國際評論社編譯出版的中文周刊《國際評論》創刊號上的發刊詞，見《半殖民地半封建理論的來龍去脈》（《中國社會科學院近代史研究所青年學術論壇 2003 年卷》，社會科學文獻出版社，2005 年）。

理論，沒有更充分地回到民國自己的歷史環境。例如性別研究、後殖民批判、大眾文化理論等等的運用，迄今仍有生吞活剝之嫌。要真正揭示這些歷史細節，就還需要完成大量紮實的工作，例如民國經濟在各階段的發展與營運情況，各階層的經濟收入及其演變，社會分化與社會矛盾的基本情形，經濟與政治權利的區域差異問題，法制的發展及對私人權利（包括著作、言論權利）的保護與限制，軍閥政治對輿論及思想的控制方式，國民黨政權對輿論及思想的控制方式，國民政府時期的「黨政關係」及其內在的間隙，國民黨內部各派系的矛盾及其對思想控制的影響，民國各時期書報檢查制度的制定與實施情況，民國時期出版人、新聞人、著作人各自對抗言論控制的方式及效果，主流倫理的演變及民間道德文化的基本特點，文學出版機構的經營情況與文學傳播情況，民國時期作家結社及其他社會交往的細節等等，所有這些龐雜的內容倉促之間，也很難為「文學史」所容納，在一個相當長的時間裏都將成為文學研究的具體話題。

　　解剖民國精神的獨特性、民國文本的獨特性，凸顯而不是模糊這一段文學歷史的的形態。文學史究竟是什麼史？這個問題討論過很多年，至今也可能存在不同的意見，在我看來，儘管我們今天一再強調歷史研究與文化研究的重要性，但是所有這些討論最終還都應該落實到對於文學作品的解釋中來，否則文學學科的獨立性就不復存在了。最近幾年，民國文學研究的倡導與質疑並存，但更多的時候還都停留在口號的辨析和概念的爭論當中，就文學研究本身而論，這樣並不是對學術發展的真正推進。如果民國文學研究的提倡不能以大量的具體文學作品的闡釋為基礎，或者說民國文學的理念不能落實為一系列新的文學闡釋的出現，那麼這一文學史框架的價值就是相當可疑的；如果我們尚不能對若干文學作品的獨特性提出新的認識，那麼又何以能夠撰寫一部全新的《民國文學史》呢？

　　以上幾個方面的工作都是一部新的文學史寫作的必須的前提。我們的文學史的新著，從大的歷史框架的設立與理解到局部事件的認定和把握，乃至作為歷史事件呈現的文本的闡釋都與應該此前我們熟悉的一套方式——革命史話語、現代性話語——有所不同，如果只是抓住名稱大做文章，幾乎可以肯定的是，其結果必然很快陷入到業已成熟的那一套知識和語言中去，所謂「民國文學史」也就名不副實了。早在 1994 年，人民出版社就出版過《中國民國文學史》，這個奇特的書名——不是「中華民國文學史」而是「中國民國

文學史」——顯然反映出了當時的某種政治禁忌，平心而論，在 10 年前，能夠涉及「民國」二字，已屬不易，對於其中所承受的禁忌，我們深表理解；但是也的確因為這一禁忌的存在，所謂「民國」的諸多歷史細節都未能成為文學史觀察和分析的對象，所以最終的成果還是普遍性的「現代化」歷史框架，「中國民國文學史」的主體還是不折不扣的「現代文學三十年」，對歷史性質、文學意義的描述都依然如故，對作家的認定、作品的解釋一如既往，只不過增加了一點補充：民國建立到五四新文化運動發生的幾年。這樣的文學史著，自然還不是我們理想中的「民國文學史」。

二.

當然，能夠標舉「民國」概念的文學史論已經出現了，這就是臺灣學者尹雪曼主編的《中華民國文藝史》及周錦主編的《中國現代文學研究叢刊》系列叢書，也包括最近兩岸學者的最新努力。

尹雪曼（1918～2008），本名尹光榮，河南汲縣（今衛輝市）人。抗戰時期西北聯合大學畢業，美國密西里大學新聞學院文學碩士。曾主編重慶《新蜀夜報》副刊，在上海、天津、西安等地擔任報社記者，1949 年去臺灣。曾任臺灣中國作家藝術家聯盟會長，《中華文藝》月刊社社長，在成功大學、中國文化大學等校任教。自 1934 年起，創作發表了小說、散文及文學評論多種。是很有代表性的遷臺作家。周錦（1928～1992），江蘇東臺人，1949年赴臺，曾經就讀於臺灣師範大學、淡江大學等，後創辦燕智出版社，擔任臺北中國現代文學研究中心主任。兩人的最大貢獻便是撰寫、主編或者參與編撰了一系列的中國現代文學研究論著，在新文學記憶幾近中斷的臺灣，第一次系統地總結了五四以來的中國文學發展歷史，尹雪曼撰寫有《現代文學與新存在主義》、《五四時代的小說作家和作品》、《鼎盛時期的新小說》、《抗戰時期的現代小說》、《中國新文學史論》、《現代文學的桃花源》，總纂了《中華民國文藝史》。〔註 5〕其中，《中華民國文藝史》大約是第一部以「民國」命名的大規模的系統化的文學史著作，民國歷史第一次成為文學史「正視」的對象；周錦著有《中國新文學史》、《朱自清作品評述》、《朱自清研究》、《〈圍城〉研究》、《論呼蘭河傳》、《中國新文學大事記》、《中國現代小說編目》、《中國現代文學作家本名筆名索引》、《中國現代文學作品書名大辭典》、《中國現

〔註 5〕《中華民國文藝史》由臺北正中書局 1975 年初版。

代文學鄉土語彙大辭典》等，此外還主編了《中國現代文學研究叢刊》三輯共 30 本，於 1980 年由成文出版社有限公司印行出版。《中國現代文學研究叢刊》的史論也具有比較鮮明的「民國意識」。《中國現代文學研究叢刊編印緣起》這樣表達了他的「民國意識」：

> 中國新文學運動，是隨著中華民國的誕生而來。儘管後來有各
> 種文藝思潮的激蕩以及少數作家思想的變遷，但中國現代文學卻都
> 是在國民政府的呵護下成長茁壯的……〔註6〕

這樣的表述，固然洋溢著大陸文學史少有的「民國意識」，不過，認眞品讀，卻又明顯充滿了對國民黨政權形態的皈依和維護，這種主動向黨派意識傾斜，視「民國」爲「黨國」的立場並不是我們所追求的學術客觀，也不利於眞正的「民國」的發現，因爲，眾所周知的事實是，疲於內政外交的「國民政府」似乎在「呵護」民國文學方面並無傑出的築造之功，嚴苛的書報檢查制度與思想輿論控制也絕不是現代文學「成長茁壯」的理由。民國文學的眞實境遇難以在這樣的意識形態偏好中得以呈現。

　　同樣基於這樣的偏好，民國文學的優劣也難以在文學史的書寫中獲得准確的評判，例如尹雪曼《中華民國文藝史・導論》作出了這樣概括：「中華民國的文藝發展，雖然波瀾壯闊，變幻無常；但始終有民族主義和人文主義作主流；因而，才有今日輝煌的成就。」「至於所謂『三十年代』文藝，則不過是中華民國文藝發展史中的一個小小的浪花。當時間的巨輪向前邁進，千百年後，再看這股小小的浪花，只覺得它是一滴泡沫而已。其不值得重視，是很顯然的。」〔註7〕

　　民國時期的現代文學是不是以「民族主義」爲主流，這個問題本身就值得討論，至少肯定不會以國民政府支持下的「民族主義文藝運動」爲主導，這是顯而易見的；至於所謂的「三十年代文藝」當指 1930 年代的左翼文學，事實上，無論就左翼文學所彰顯的反叛精神還是就當時的社會影響而言，這一類文學選擇都不可能是「一個小小的浪花」、「是一滴泡沫而已」，漠視和掩蓋左翼文學的存在，也就很難講述完整的民國文學了。

　　由此看來，20 世紀下半葉的冷戰不僅影響了大陸中國的學術視野，同樣扭曲了海峽對岸的學術認知。受制於此的文學史家，雖然不忘「民國」，但他

〔註 6〕周錦：《中國新文學簡史》1 頁，臺北成文出版社 1980 年。
〔註 7〕尹雪曼總纂：《中華民國文藝史》1 頁，臺北正中書局 1975 年。

們自覺不自覺地要維護的中華民國依然是以國民黨統治爲唯一合法性的「黨國」，民國社會歷史的眞正的豐富與複雜並不是「黨國」意識關心的對象。以民國歷史的豐富性爲基礎構建現代中國的文學敘述，始終是一個難題，對大陸如此，對臺灣也是如此。

當然，考慮到臺灣歷史與文學的種種情形，《民國文學史》的寫作可能還會再添一個難度：如何描述海峽對岸當今的文學狀況，是排除於我們的「民國文學史」還是繼續延伸囊括，〔註8〕排除於現實不符，從「民國」敘述轉向「臺灣」敘述，恐怕也正是「獨派」的願望，相反，努力將「臺灣」敘述納入「民國」敘述才能體現中華統一的「政治正確」；不過，納入卻也同樣問題重重，「民國」與「人民共和國」並行，不僅有悖於「一個中國」的基本政治理念，就是在當下的臺灣也糾纏不清。我們知道，在今日，繼續奉「民國」之名的臺灣目前正大張旗鼓地推進「臺灣文學」甚至「臺語文學」，所謂「民國文學」至少也不再是他們天然認同的一個概念，學術考察如何才能反映出研究對象本身的思想追求，這個問題也必須面對。也就是說，在今日臺灣，「民國」之說反倒曖昧而混沌。

2011 年，臺灣學者陳芳明、林惺嶽等著的《中華民國發展史‧文學與藝術》出版，較之於此前冷戰時期的文學史，這一著作終於跳出了「黨國」意識的束縛，體現出了開闊的學術視野，〔註9〕但是由於歷史的阻隔，關於民國文學的豐富細節都未能在這一史著中獲得挖掘，我們看到的章節就是：百年來文學批評的開展與轉折，百年女性文學，百年現代詩發展與自我身份的探求，故事萬花筒——百年小說圖志，美學與時代的交鋒——中華民國散文史的視野，百年翻譯文學史，從啓蒙救亡開始：中華民國現代戲劇百年發展史等等。從根本上說，《中華民國發展史‧文學與藝術》由多位學者合作，各自綜述一個獨立的文學藝術領域，在整體上更像是一部各種文學藝術現象的概觀彙集，而不是完整的連續的歷史敘述。

也是在 2011 年，大陸學者湯溢澤、廖廣莉出版了《民國文學史研究》

〔註8〕丁帆先生試圖繼續延伸民國文學的概念，他區分了政治意義的「民國」和作爲文化遺產的「民國」，試圖以此作爲破解難題的基礎，不過這一延伸也不得不面對與臺灣作家及臺灣學者對話、溝通的問題（見《關於建構民國文學史過程中難以迴避的幾個問題》，《當代作家評論》2012 年 5 期）。

〔註9〕陳芳明、林惺嶽等著：《中華民國發展史‧文學與藝術》，臺灣政治大學、聯經出版公司 2011 年。

（1912-1949）。〔註10〕湯先生是中國大陸較早呼籲「民國文學史」研究的學者，在這一部近40萬字的著作中，他較好地體現了先前的文學史設想：回歸政治形態命名的歷史記事，上溯民國建立的文學發端意義，恢復民國時期文學發展的多元生態。可以說這都觸及到了「民國文學史」的若干關鍵性環節，《民國文學史研究》由「史觀建設」與「編史嘗試」兩大部分組成，前者討論了民國文學史寫作的必要性，後者草擬了「民國文學史綱」，嚴格說來，「史綱」更像是民國時期文學的「大事記」，似乎是湯先生進一步研究的材料準備，尚不能全面體現他的「民國文學史」面貌。

海峽兩岸的學者都開始彙集到「民國文學」的概念下追述歷史，這令人鼓舞，但目前的成果也再次說明，書寫一部完整的《民國文學史》，無論是史觀還是史料，都還有相當的欠缺，時機尚未成熟，同志仍需努力。

三

民國文學史，在沒有解決自己的史觀與史料的時候，實在不必匆忙上陣。在我看來，民國文學研究在今天的主要任務還是對民國社會歷史中影響文學的因素展開詳盡的梳理和分析，對現代文學歷史演變中的一些關鍵環節與民國社會各方面的關係加以解剖，如民國建立與新文學出現的關係、民國社群的出現與現代文學流派的形成、民國政黨文化影響下的思想控制與文學控制、民國戰爭狀態下的區域分割與文學資源再分配等等，至於文學自身力量也不能解決的文學史寫作難題當然更可以暫時擱置（如當代臺灣文學進入民國文學史的問題）。只要我們並不急於完成一部完整系統的民國文學史，就完全可以將更多的精力放在民國文學一個一個的具體問題之上，可供我們研究範圍也完全可以集中於民國建立至人民共和國建立這一段，我想，海峽兩岸的學者都可以認定這就是「民國歷史」的「典型」時期，這同樣可以為我們的雙邊交流營造共同的基礎。在民國文學史誕生之前，我們應該著力於歷史更多更豐富的細節，對細節的了悟有助於我們歷史智慧的增長，而歷史智慧則可以幫助我們最終解決這樣或那樣的歷史書寫的難題。

那麼，在一部成熟的《民國文學史》誕生之前，還有哪些課題需要我們清理和辨析呢？

〔註10〕湯溢澤、廖廣莉：《民國文學史研究》（1912～1949），吉林大學出版社 2011 年。

我覺得在下列幾個方面，還有必要進一步研討。

一是「民國文學」研究究竟能夠做什麼。隨著近幾年來學界的倡導，對於「民國文學」研究的優勢大約已經獲得了基本的認識，但是也有學者提出了自己的疑慮：研討民國文學，對於那些反抗民國政府的文學該如何敘述？例如左翼文學、延安文學。或者說，民國文學是不是就是國統區追求民主、自由這類「普世價值」的文學，「民國機制」是不是與「延安道路」分道揚鑣？在我看來，「民國文學」就是一種近現代中國進入「民國時期」以後所有文學現象的總稱，既包括國統區的文學，也包括解放區的文學，因為「民國」不等於「黨國」，也代表了某種「革命者」共同的「新中國」的夢想，左翼文化、解放區反抗的是一黨專制的「黨國」，而不是民主自由均富的「新中國」，尤其在抗戰時期，當解放區轉型為民國的特區之後，更是恰到好處地利用了民國的憲政理想為自己開闢生存空間，為自己贏得道義與精神上的優勢，只有在作為「新中國」的「民國」場域中，左翼文學與延安文學才體現出了自己空前的力量，「延安道路」才得以實現。「民國文學」也不是歌頌民國的文學，相反，反思、批判才是民國時期知識份子的主流價值取向，所以，我們可以發現，「民國批判」往往是民國文學中引人矚目的主題，左翼文學精神恰恰是民國時代一道奪目的風景，儘管它的文學成就需要實事求是地估價。在這個意義上，民國文學史的研究肯定是中國近現代史學的組成部分，而不是大眾時尚潮流（如所謂「民國熱」）的結果。

民國文學研究更深入的理論問題還在於，這樣一種新的文學史研究範式的出現究竟有什麼深刻的學術意義？對整個文學史研究的進行有何啟發？我認為，相對於過去強調「現代性」時間意義的「中國現代文學史」而言，「民國文學史」更側重提醒我們一種「空間」的獨特性，也就是說，從過去的關注世界性共同歷史進程的「時間的文學史」轉向挖掘不同地域與空間獨特涵義的「空間的文學史」，以空間中人的獨特體驗補充時間流變中的人類共同追求，這就賦予了所謂「民族性」問題、「本土性」問題與「中國性」問題更切實的內涵，從此出發，中國文學研究的新範式也許可以誕生？

二是「民國文學」研究當以大量的具體文學現象的剖析為基礎。這一方面是繼續考察各類民國文化現象對於文學發展的重要影響，包括經濟、政治、法律、教育、宗教之於文學發展的動力與阻力，也包括各區域文化現象對於文學生長的有形無形的影響，包括民國時期一些重要的歷史事件對於文學的

特殊作用，例如國民革命。過去我們梳理中國現代的「革命文學」，一般都從1927 年大革命失敗之後的無產階級文學倡導開始，其實「革命」是晚清以來就一直影響思想與現實的重要理念，中國現代文學的「革命意識」受到了多重社會事件的推動，從晚清種族革命到國民革命再到無產階級革命等等都在各自增添新的內容，仔細追溯起來，「革命文學」一說早在國民革命之中就產生了，國民革命也裏挾了一大批的中國現代作家，為他們打上了深刻的「革命」意識，不清理這一民國的重要現象，就無法辨析文學發展的內在脈絡。大量現代文學現象（特別是文學作品）的再發現、再闡釋是民國新視野得以確立的根據。如果我們無法借助新的視野發現文學文本的新價值，或者新的文學細節，就無法證明「民國視野」的確是過去的「現代文學視野」能夠代替的。所幸的是，最近幾年，一些年輕的學者已經在「民國機制」的視野下，發掘了中國現代文學的新的內涵。這裡僅以《文學評論》雜誌為例：顏同林從「法外權勢的失落與村落秩序的重建」這一角度提出對趙樹理小說的嶄新認識〔註 11〕，周維東結合延安文化，剖析了解放區文學「窮人樂」主題的意味〔註 12〕，李哲發現了茅盾小說中沉澱的民國經濟體驗〔註 13〕，鄔冬梅結合1930 年代的民國經濟危機重新解讀了左翼文學〔註 14〕，羅維斯發現了民國士紳文化對茅盾小說的影響〔註 15〕，張武軍透過「民國結社機制」挖掘了從南社到新青年同仁的作家群體聚散規律，賦予社團流派研究全新的方向〔註 16〕。在重新研討新文學發生過程的時候，李哲發現了北京大學教育「分科」的特殊意義〔註 17〕，王永祥則解剖了民國初年的國家文化所形成的語境與氛圍〔註 18〕。這樣的研究都在很大程度上突破了過去的「現代文學」研究視域，通過自覺引入民國歷史視角而推動了文學史研究的發展。

〔註 11〕 顏同林：《法外權勢的失落與村落秩序的重建——以趙樹理四十年代小說為例》，《文學評論》2012 年 6 期。

〔註 12〕 周維東：《解放區的天是明朗的天——延安時期的移民運動與「窮人樂」敘事》，《文學評論》2013 年 4 期。

〔註 13〕 李哲：《經濟‧文學‧歷史——〈春蠶〉文本的三個維度》，《文學評論》2012 年 3 期。

〔註 14〕 鄔冬梅：《民國經濟危機與 30 年代經濟題材小說》，《文學評論》2012 年 3 期。

〔註 15〕 羅維斯：《「紳」的嬗變——《動搖》的一種解讀》，《文學評論》2014 年 2 期。

〔註 16〕 張武軍：《民國結社機制與文學的演進》，《文學評論》2014 年 1 期。

〔註 17〕 李哲：《分科視域中的北京大學與「新文化運動」》，《文學評論》2013 年 3 期。

〔註 18〕 王永祥：《《新青年》前期國家文化的建構與新文學的發生》，《文學評論》2013 年 5 期。

　　當然，類似的文本再解釋、歷史再發現工作還遠遠不夠，我們期待更多的研究者加入。

　　三是對於從歷史文化的角度闡釋現代文學的這一思路本身也要不斷反思和調整。在相當多的情況下，民國文學研究與現代文學研究都擁有相似的研究對象，相近的研究方法，不過，相對而言，「民國」一詞突出的國家歷史的具體情態，「現代」一詞連接的則是世界歷史的共同進程。所以，所謂的民國文學研究理所當然就更加突出民國歷史文化的視角，更自覺地從歷史文化的角度來分析解剖文學的現象，倡導文學與歷史的對話。鑒於民國歷史至今仍然存在諸多的晦暗不明之處，對於歷史的澄清和發現往往就意味著主體精神的某種解放，所以澄清外在歷史眞相總是能夠讓我們比較方便地進入到人的內在精神世界之中，因而作爲精神現象組成部分的文學也就得到了全新的認識。最近幾年，中國現代文學研究中較有收穫的一部分就是善於從民國史研究中汲取養分，詩史互證，爲學術另闢蹊徑，文學研究主動與歷史研究對話，歷史研究的啓發能夠激活文學研究的靈感，「民國文學」的概念賦予「現代文學」研究以新機。雖然如此，我們也應該不斷反思和調整，因爲，隨著歷史研究、文化研究在文學考察中的廣泛運用，新的問題也已經出現，那就是，我們的文學闡述因此而不時滑入到了純粹的歷史學、社會學之中，「忘情」的歷史考察有時竟令我們在遠離文學的他鄉流連忘返，遺忘了文學學科的根本其實還是文學作品的解釋。捨棄了這一根本，模糊了學科的界限，我們其實就面臨著巨大的自我挑戰：面向文學的聽眾談歷史是容易的，就像面對歷史的聽眾談文學一樣；但是，如果眞的成了面對歷史的聽眾談歷史，那麼無疑就是學科的冒險！對此，每一位文學學科出身的學人都應該反覆提醒自己：我準備好了嗎？

　　在這個意義上，我們應該始終牢記，從歷史文化的角度研究文學，最終也需要回到「大文學本身」，民國文學研究對民國時期文學現象的研究，而不是以文學爲材料的民國研究。將來我們可能要完成的也不是信馬由繮的《民國史》而是不折不扣的《民國文學史》。

　　沒有對這些研究前提、研究方法的反思，就不會有紮實的研究，當然最終的文學史是什麼樣子，也就難以預期了。闡釋優先，史著緩行，民國文學史的寫作，當穩步推進。

序：老師走在老路上

　　2000 年以後的十幾年來，中國電影的票房像吃了催生劑一樣瘋長。但電影本身卻堵塞在那條小路上，連大氣都不敢喘。因為雄壯的票房並未能為這條道路點上明燈，前方仍舊是陰森的黑暗和未知的崎嶇。我們依然只能守舊地敲打著社鼓和銅鑼，用那撕裂的聲響來給自己壯膽。我們需要這樣的鑼鼓聲，因為我們需要這樣的安全感，需要這樣的聲響給自己加油鼓勁。

　　我們成天忙忙碌碌，工作、學習、考試，甚至旅遊都成了急匆匆要去完成的事項。看似妙趣橫生的社交網絡像空氣一樣充斥在我們的生活當中，各種新媒體見縫插針地傳遞著各種各樣的信息。而我們，無時無刻不在瞪大著雙眼，注視著不同尺寸的顯示屏。那一雙雙充滿欲望的眼睛裏閃耀的不再是求知，而是躲閃的恐懼，我們太害怕錯過任何一個話題了。一部電影製造出來的話題，似乎比電影本身更能引起熱烈的討論。這讓我想到這樣一句看到的話：不要因為走得太遠，忘了我們為什麼出發。

　　但是，總有一些人清醒著、冷靜著、堅持著。與「忙碌的大多數」不一樣，袁老師始終堅守在自己的那一畝三分地裏自得其樂。「匆忙」這個狀態，不會在他研究學術問題、撰寫文章時出現。這個時代，能夠做到堅持自我的人是最勇敢的。這樣的人要不怕被身邊的人群冷落，更不怕被這個急三火四的時代拋棄。袁老師就是一位這樣的人。不管是在課堂上，還是在平時與學生聊天的過程中，袁老師常常念叨：「任何所謂新奇的事物，其實都不新奇。回頭看看，必然能夠找到一模一樣的存在。」

　　於是，當大家都在熱議票房和技術的時候，袁老師回望過去，鎖定那些落滿了灰塵的民國影片案例，談論一些所謂陳舊、落伍的內容。但在這些看

似灰撲撲的文字裏，你一定能找到一種縫合時代裂縫的力量，還有那很久未見的真摯與感動。在《黑白膠片的文化時態：1922～1936 年中國早期電影現存文本讀解》和《黑夜到來之前的中國電影──1937 年現存國產影片文本讀解》中，袁老師將 1938 年之前的民國電影，在已有的左翼電影、國防電影的概念之外，又翻檢歸類出了舊市民電影、新市民電影和新民族主義電影等多種電影形態。

現在，袁老師將上述兩本書中討論過的左翼電影案例單獨拿出來重新集合。他的研究起點是文本，終點是社會文化形態，以電影歷史為脊柱、文本為工具，不斷豐滿那些被主流話語遮蔽的話語空間。剝去外層花花綠綠的遮蔽，直視純粹的內核，這是袁老師研究學問的宗旨也是這本書的精神。不管是電影還是我們自身，為了不被拋棄，常常拋棄了更為本質的東西。於是，書中那些質樸的字句好似變成了語言上的魚刺，閱讀過程中，得驚豔到扼住喉嚨才行。

電影不是單純的商品，也不是一件單純用來消遣娛樂的玩具。某種意義上，它具有著某種通靈般的折射功能。簡單的說，就是你把電影當什麼，你就是什麼。電影製作者、評論家、研究人員無疑會成為這道選擇題的標準答案，那麼觀看、評述、研究的過程也就同時升級為一種藝術行為。只是，與五彩繽紛的花花世界相比，藝術都會顯得端正而又寡淡。尤其是帶有時間痕迹的、沒有絢麗外觀的藝術作品，更是讓人無法安靜下來耐心欣賞。袁老師找到了自己的方式，去解讀這些快被人遺忘的民國電影作品，從而探尋出新的意義和價值。

在這一過程裏，勇敢、真誠、堅持成為了探尋過程裏的比基尼，要知道任何以遮擋為前提的裸露，都很難不引人注視。有哲學家說：「人格即風格」，其實這句話也可以反過來理解，就是說風格可以倒推出人格。讀袁老師這本書，你能從那些所謂「古老的」民國電影案例中感受到編導們當年的品味與智慧，甚至可以聞見那個時代的氣息與脈絡。同時，你可以從懷舊的氛圍中品讀出個體的多樣性、豐富性。

這裡的「個體」來自影像與文字，亦來自影像與文字背後的、活生生的個人。電影不僅屬於電影人，更屬於需要電影的人。袁老師從一個普通觀眾的姿態出發，以現代人的視角反觀意識形態的變化與權力話語的弔詭，貼合時代重讀這些被稱為「左翼電影」的作品，在電影文本的言語中抓取那些無

法被掩藏的馬腳，深入淺出、樂此不疲，讓每一個人都有了貼近電影與歷史的機會。

　　但正像前任師兄說的那樣，因為袁老師早期做文學研究，所以其思維仍舊沿用至電影研究。因此這些文章多是對文本意義及其文化生成背景的談論，而對於電影敘事、視聽語言等技術問題談論得很少。這種做法對於電影的解讀難免會有一些缺失，致使文章的說服力度不夠〔註1〕。另外，決定一部電影內容、涵義、影響的因素比文學作品要複雜的多。我們將文學研究的個案考量封閉在作家、作品和讀者的框架中，是可以得出一個普適規律的。但是由於繁雜的電影運作，多元的電影文本以及不可忽視的、多變的市場因素，就很難說出一個斬釘截鐵的結論來支撐整個理論的輻射空間。

　　"A director makes only one movie in his life. Then he breaks it into pieces and makes it again." 這句話出自於法國導演讓·雷諾阿的名句，意思是一個導演終其一生不過是在拍攝一部電影。從藝術的角度來理解，我們可以稱之為重複與變奏。無論是搓圓還是揉扁，煎皮還是拆骨，其實都是類似的物種。早年的教育、感悟、思維決定了作者始終關注近似命題，通過有機形式，延伸出不同的思考而已。其實對於理論研究工作者來說，也是這個樣子。

　　這是一個大時代，一個時代必然有著一個時代的困惑。在以金錢為成功標尺的今天，我們在困惑之中匆匆而行，少有人願意執著於吃力不討好的事情。可是我們仍舊是需要冷靜的思考以及精緻的情感的，它們或許悲傷、或許孤寂，但多少可以拿來抵一抵大時代的燥熱。都說但凡與電影牽連上關係，便再也沒有將自己回收的機會。袁老師像獻祭一樣，把自己的壯年時光都獻給了電影，十數年如一日地觀片、研究、思考、撰寫文章，沒有埋怨更沒有放棄與妥協。袁老師常說：「我愛這些老舊的民國影像！每天想著這些，我就覺得很幸福。」永遠在路上，沒有停息、也沒有終點。

中國傳媒大學電影學專業 2013 級碩士研究生　姜菲

2014 年 12 月 20 日

〔註1〕　顧龍：《有一分證據，說一分話（代序）——談談袁老師對中國早期電影的研究》，載《黑白膠片的文化時態——1922～1936 年中國早期電影現存文本讀解》，上海三聯書店 2009 年版，第 1～4 頁。

上 冊

目　次

下　冊

本書體例申明

　　甲、本書中以個案形式讀解的影片來源，有以下幾種情形：子、《野玫瑰》《天明》《母性之光》《春蠶》《惡鄰》《體育皇后》《大路》《孤城烈女》(《泣殘紅》)《聯華交響曲》等，均屬於中國大陸公開發行的「俏佳人」品牌系列（廣州俏佳人文化傳播有限公司總經銷）。丑、《新女性》《神女》《桃李劫》《風雲兒女》等片雖然不是出自這個系列，但亦是中國大陸市場公開售賣的合法產品。寅、《火山情血》《小玩意》，是學生在網上為我講課找來的資料影片。卯、《奮鬥》則源自（北京）中國電影資料館館藏影片的公開營業性放映〔註1〕。

　　乙、本書中以個案形式討論的全部影片，均按照其出品年月或公映時間排序，並以《中國電影發展史》（程季華主編，中國電影出版社 1963 年版）第一卷標注的年月為主要依據。同一年內的影片先後順序，除非有確切的依據，一般按照類型敘述的方便排序。所有影片的時長標注，則均以 VCD 版本之實際時長為準，因此，可能會與相關資料譬如 IMDB（Internet Movie Data Base，互聯網電影數據庫）的標注有些許出入。其原因，有可能是原膠片本身

〔註 1〕中國電影藝術研究中心專業人士公開表示：「現在我們能夠看到的 1949 年以前的中國電影只有二百多部。……中國電影資料館現存的 1949 年前的中國電影應該在 380－390 部左右。也就是說，加上殘缺不全的和不能放映的，至少還有 100 部以上的電影可以挖掘」（饒曙光：《關於深化中國電影史研究的斷想》，載《當代電影》2009 年第 4 期，第 72 頁）。因此有前輩專家呼籲：「資料開放，資源共享！」（酈蘇元：《走近電影，走近歷史》，載《當代電影》2009 年第 4 期，第 63 頁）。我同意業內專家的意見，籲請（北京）中國電影資料館無條件地向公眾公映館藏影片，或者至少允許公眾免費調閱其館藏影片，以恢復其公共學術資源全民共享的本來面目，更好地為社會發展和學術研究服務。

的缺失或轉錄時有意無意地疏漏造成，因此，不能保證其原始時長數據的準確性。

丙、每章正文前面的**專業鏈接** 1 中放入圓括弧即「（ ）」裏面的文字，是我的補充說明。譬如《奮鬥》一片，因為原片頭和演職員表缺失，所以相關信息只能根據盡可能找到的資料補充如次，譬如：陳燕燕（飾演電氣廠工頭焦大毛的乾女兒燕姑）、鄭君里（飾演電氣廠工頭小鄭）、袁叢美（飾演電氣廠工人小袁）、劉繼群（飾演小學教員劉天教）；放入「【 】」括號中文字，是根據相關資料補出的，譬如：(《母性之光》)【原作：田漢】；編劇、導演：卜萬蒼。**專業鏈接** 2 中的原片中英文片頭，以及演職員表的中英文字幕，一律按照原影片出現的樣式和順序列出，並自行加注標點符號；片頭字幕無從辨認和訂正，或者無從查考的，均以「□」表示闕如。譬如：(《火山情血》)演員表：⋯⋯拳術家——高威廉，□□□——□□□；(《聯華交響曲》之《兩毛錢》)**編劇**：蔡楚生；**導演**：司徒慧敏；**攝影**：□□□。

丁、本書所有的原稿，均以我歷年來在本科生和研究生課堂教學中使用的授課大綱和演講錄音原始稿為基礎，雖經多次補充、完善並最終修訂成文，但並沒有從根本上改變我的固有觀點和原有論證體系。而由於研討時間、聽課對象以及演講場合的不同，在涉及多部電影相同的時代背景和藝術發展脈絡時，不得不保留多有近似甚至是重複性的觀點、表述以及同樣的參考文獻。考慮到讀者讀取時的理解方便，對此基本上不做大的改動或刪削，依然保持各篇章（影片）相對獨立、自成體系的面貌，以盡可能復原現場觀摩後的感性氛圍和觀照角度。

戊、考慮到即使是專業觀眾群體譬如高校影視專業的在讀學生，對本書具體讀解的 16 部影片，也未必都有完整和耐心觀賞的興趣，因此，根據十餘年來我個人的研究心得和學生們課堂上的觀摩反映，於每部影片的文字分析之前，給出了一個純個人標準的影片**觀賞推薦指數**供讀者參考批判。實際上，我認為二星及以下的影片大多只具有專業史料性質，三星及三星以上的影片至今還有觀賞價值，而四星及四星上的，仍然具有強烈的現實意義和重新讀解甚至是重新公映之價值。

己、除《引論》和第 3 章是此次成書新增補的篇幅外，本書的第 1～2 章、第 4～15 章的刪節版，均曾收入《黑白膠片的文化時態——1922～1936 年中國早期電影現存文本讀解》（上海三聯書店 2009 年 10 月第 1 版）一書，第 16

章的主體部分也曾收入《黑夜到來之前的中國電影——1937 年現存國產影片文本讀解》（中國廣播電視出版社 2012 年 1 月第 1 版）一書。爲讀者讀取對比方便，此次收入本書時，無論章節題目還是正文中的大小標題，一律保留原成書版的面貌，但將正文中的標題之序號，譬如一、二、三、四等，統改爲甲、乙、丙、丁，小標題或分論點序號，譬如 1、2、3、4 或（一）（二）（三）（四）均改爲子、丑、寅、卯；此外，除了個別的被融入正文外，原先的相關鏈接一律植入歸併於注釋之中。

　　庚、需要特別說明的是，包括《引論》在內的各章主體部分，在此次結集出版前，大多曾被各層級的學術雜誌採用、公開發表。由於眾所周知的原因，這些文字發表時大多被不同程度地刪減或改動。因此，此次收入本書時，除了訂正已發現的錯訛文字或標點符號，補入雜誌版的**關鍵詞**、新增加**專業鏈接 3：影片鏡頭統計**（及其說明）外，全部恢復成書版原稿的本來面貌——即使後來我的觀點有所修正甚至改變也不做更正，而是準備用新的文章來詳盡說明；同時，將以往成書版的**閱讀指要**和雜誌發表版的**內容摘要**部分酌情整合，（雜誌版的些許**參考文獻**條目亦酌情補入），並將雜誌發表版的英文摘要附在文末，（當初沒有的，現今統一翻譯補入），以資檢索；此外，個別篇章則將雜誌發表版的原稿與成書版原稿略作整合，譬如第七章第一、二自然

段。因此，包括《引論》在內，我特別於每一章的最後一條注釋中，對其收入本書前的發表情況及此次結集時所做的修訂，以及新思考、新觀點的演變都逐一做了具體交代，敬請核查比對。

辛、除了《奮鬥》之外，本書所討論的其他 15 部影片，其讀解意見雖然大多既以學術論文面貌發表，爾後又結集出版，但在隨後的五六年間，我又先後對這些影片進行了二讀、三讀甚至是四讀，也就是又先後分別寫了二稿、三稿甚至是四稿。但此次成書，第 1～2 章、第 4～15 章以及第 16 章均使用收入《黑白膠片的文化時態——1922～1936 年中國早期電影現存文本讀解》和《黑夜到來之前的中國電影——1937 年現存國產影片文本讀解》兩書的原始稿，新的二稿、三稿和四稿，只酌情配合提交給我作為課題負責人的國家社科項目《左翼電影與左翼文學》（12BZW092）之審查委員會供結項之用。何日能結集出版，不得而知。特此致歉。

壬、本書對 1932～1937 年現存左翼電影文本的集中討論，建立在此前對（1922～1932 年）現存中國電影文本討論的前提和基礎之上。那些影片及其讀解意見，2009 年已經收入《黑白膠片的文化時態——1922～1936 年中國早期電影現存文本讀解》一書，2014 年版權過期後，討論舊市民電影的部分，已以《黑棉襖：民國文化中的舊市民電影——1922～1931 年現存中國電影文本讀解》（上下冊）為題，作為第 11 冊、第 12 冊，收入臺灣花木蘭文化出版社出版的「民國文化與文學研究文叢」第三編，敬請讀者諸君參照批判。

癸、本書中的一切文字表述，但有借鑒、參考或引用他人著述及數據、論點的情形，我都嚴格依照學術研究之慣例通則，逐一鄭重注明了詳細出處，不敢掠美。此外，除非引用，本書所有的見解和觀點的表達，都一如既往地堅持使用第一人稱單數，以表明本人獨立完成研究的學術原創性立場，以及對論述中出現的所有個人見解和學術觀點持負責之嚴肅態度。

袁慶豐　甲午年十一月謹啓
北京東郊定福莊養心廊

引論：1930 年代中國左翼電影的歷史面貌及其當下意義述略

閱讀指要：

　　1932 年之前的中國電影都是舊市民電影，最先出現的新電影形態是左翼電影。現存的、公眾可以看到的電影文本表明，左翼電影的開創者以及模式塑定者是孫瑜。左翼電影的主要特徵是階級性、暴力性、宣傳性：對外反抗日本侵略、對內反抗強權政治；替弱勢群體發聲張目、反對階級剝削和階級壓迫。左翼電影既是歷史客觀存在的市場化產物，也是當時中國社會和文化生態的必然結果。1949 年後大陸紅色經典電影與左翼電影有著內在的邏輯關聯，但大陸第六代導演才是左翼電影的正宗傳承者。

關鍵詞：中國早期電影；舊市民電影；左翼電影；第六代導演；基因遺傳；

甲、新電影出現之前的中國電影都是舊市民電影

　　現存的、公眾可以看到的最早的中國電影，是 1922 年出品的影片；而從 1905 年所謂中國電影誕生，直到 1931 年，這前後 28 年間留存至今，且公眾能看到的影片有 15 部。這些影片是《勞工之愛情》（《擲果緣》，1922）、《一串珍珠》（1925）、《海角詩人》（1927）、《西廂記》（1927）、《情海重吻》（1928）、《雪中孤雛》（1929）、《怕老婆》（《兒子英雄》，1929）、《紅俠》（1929）、《女俠白玫瑰》（1929）、《戀愛與義務》（1931）、《一剪梅》（1931）、《桃花泣血記》（1931）、《銀漢雙星》（1931）、《銀幕豔史》（1931）等——前兩年剛剛在北歐又發現了一部《盤絲洞》（1927）。

《勞工之愛情》（片頭截圖），無聲片，明星影片公司 1922 年出品　　《一串珍珠》（片頭截圖），無聲片，長城畫片公司 1925 年出品

《海角詩人》（片頭截圖），無聲片，民新影片公司 1927 年出品　　《西廂記》（截圖），無聲片，民新影片公司 1927 年出品

只要仔細地、逐一看過這些影片就會發現，它們皆以舊文化/傳統文化、舊文學/通俗小說（包括「鴛鴦蝴蝶派」小說、「禮拜六派」小說以及武俠小說）為取用資源，主題和題材不外乎戀愛、婚姻和家庭倫理，以及武俠神怪，思想上遵循社會主流價值觀念，雖有社會批評但持保守立場，藝術形式上具有鮮明的市民文化特徵即低俗性。我將這一時期的中國電影稱之為舊市民電影；對它們的個案分析，新近又專門收入《黑棉襖：民國文化中的舊市民電影──1922～1931年現存中國電影文本讀解》（上下冊，350pp，臺灣花木蘭文化出版社2014年9月版）一書，讀者可以審讀批判。

所謂舊市民電影的舊，是與新相對而言的說法，並不具備褒此貶彼的特定的內涵──譬如政治學意義上的偏狹臧否；所以，新、舊之謂，更多地體現的是時間上的前後區分和承接。譬如1930年代初期的中國電影，即有新、舊之分的說法。當時研究者把新電影稱為「新興電影」〔註1〕或「復興」的「土著電影」〔註2〕。1949年之後的電影研究，大陸對新電影只承認或只提左翼電影

《情海重吻》（片頭截圖），無聲片，大中華百合公司1928年出品

《雪中孤雛》（片頭截圖），無聲片，華劇影片公司1929年出品

《怕老婆》（《兒子英雄》，片頭截圖），無聲片，長城畫片公司1929年出品

〔註1〕紫雨：《新的電影字現實諸問題》，原載《晨報》「每日電影」，1932年8月16日版，轉引自《三十年代中國電影評論文選》，陳播主編，中國電影出版社1993年版，第586頁。

〔註2〕鄭君里：《現代中國電影史略·近代中國藝術發展史》，上海良友圖書印刷公司1936年版，轉引自《中國無聲電影》，中國電影資料館編，中國電影出版社1996年版，第1385頁。

〔註3〕；1990年代以後，研究者把新電影稱為「新興電影」（運動）〔註4〕〔註5〕〔註6〕，或「新生電影（運動）」〔註7〕——在恢復舊稱謂的同時，不約而同地淡化了1949年之後大陸盛行幾十年之久的意識形態色彩。

《紅俠》（片頭截圖），無聲片，友聯影片公司1929年出品

《女俠白玫瑰》（片頭截圖），無聲片，華劇影片公司1929年出品

《戀愛與義務》（片頭截圖），無聲片，聯華影業公司1931年出品

《一剪梅》（片頭截圖），無聲片，聯華影業公司1931年出品

　　1930年代是中國電影的黃金時代，標誌之一就是因為有了新電影——左翼電影不過是新電影中的一種形態，另外還有新民族主義電影和新市民電。作為1930年代中期的主流電影，左翼電影不僅在當時產生重大影響，留下許多經典片例，而且對以後的中國電影的發展走向有著切實的標杆和垂範意

〔註3〕　《中國電影發展史》，第一卷，程季華主編，中國電影出版社1963年版，第183頁。
〔註4〕　李少白：《中國電影史》，高等教育出版社2006版，第57頁。
〔註5〕　陸弘石、舒曉明：《中國電影史》，文化藝術出版社1998年，第41頁。
〔註6〕　丁亞平：《影像時代——中國電影簡史》，中國廣播電視出版社2008年版，第51頁。
〔註7〕　李道新：《中國電影文化史》，北京大學出版社2005年版，第145頁。

義。和當時的左翼文學一樣，左翼電影不僅僅意味著革命，還意味著前衛、另類、新潮、反主流。從現存的、公眾可以看到的影片來說，左翼電影肇始於1932年，代表人物是聯華影業公司的編導孫瑜，以及田漢、洪深、夏衍；從1936年，到1937年7月抗戰全面爆發前夕，左翼電影逐漸被國防電影全面取代。

《桃花泣血記》（片頭截圖），無聲片，聯華影業公司1931年出品

《銀漢雙星》（片頭截圖），無聲片，聯華影業公司1931年出品

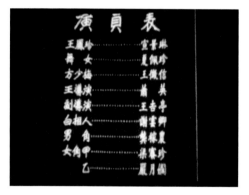

《銀幕豔史》（片頭截圖），無聲片，明星影片公司1931年出品

《南國之春》（片頭截圖），無聲片，聯華影業公司1932年出品

　　如果把新、舊電影看成是升級換代的意思，那麼必須說，新舊交替不是一天完成的，新必然建立在舊的基礎上。表現在1930年代初期電影文本中，就是有的影片雖然整體上屬於舊市民電影，但新的東西、新的元素已經加入並體現出來。譬如聯華影業公司1932年出品的《南國之春》，主題、題材依舊，但新思想和新元素已經出現。所以，我將其歸入舊市民電影並收入《黑棉襖：民國文化中的舊市民電影——1922～1931年現存中國電影文本讀解》

中，同時把它的「新」，與同一年明星影片公司出品的《啼笑因緣》的「舊」做了對比性讀解，題目就叫做《大眾審美、知識分子話語與新電影市場需求的時代共謀》〔註8〕。

　　作爲歷史的客觀存在，左翼電影的眞實的面貌值得注意：它既是1930年代中國社會和文化生態的必然結果，更是電影發展和藝術市場的自然產物。由於左翼電影的特徵在1949年後與大陸紅色經典電影有著內在的邏輯關聯，更由於1990年代第六代導演代表作品的革命性出現，因此，回望和重估左翼電影的價値就具備了無限的當下學術意義。

乙、左翼電影的歷史面貌

　　迄今爲止，公眾可以看到的出品於1932年的現存電影文本有3個，而且都出自聯華影業公司。

　　第一個是孫瑜編導的無聲片《野玫瑰》，金焰、王人美、葉娟娟、鄭君里、韓蘭根、劉繼群等主演。咋看上去，影片給人以從舊市民電影愛情主題向左翼電影政治主題全碼轉換過渡的印象，所以我一開始將其視爲早期左翼電影樣本。但仔細分析就會發現，階級性、暴力性、宣傳性等經典左翼電影的重要特徵

《野玫瑰》（片頭截圖），無聲片，聯華影業公司1932年出品

無不具備，而且理直氣壯、立場鮮明；尤其是王人美塑造的女主人公形象，其清新和潑辣不同以往，不僅奠定了左翼電影的藝術風格，也開創了了新一代電影女星的表演風範。

〔註8〕 對這一問題的詳細討論，請參見如下文章：《1922～1936年中國國產電影之流變——以現存的、公眾可以看到的文本作爲實證支撐》，（載《學術界》2009年第5期，未刪節版收入拙著《黑白膠片的文化時態——1922～1936年中國早期電影現存文本讀解》，上海三聯書店2009年版），《20世紀20年代中國電影文化生態的低俗性及其實證讀解》，（載《杭州師範大學學報》2009年第4期），《中國現代文學和早期中國電影的文化關聯——以1922～1936年國產電影爲例》，（載《中國現代文學研究叢刊》2010年第4期）。後兩篇文章收入拙著《黑夜到來之前的中國電影——1937年現存國產影片文本讀解》（中國廣播電視出版社2012年版），敬請參閱。

第二個影片是《火山情血》，還是孫瑜編導的無聲片，但女主演由黎莉莉擔任。從外形到氣質，黎莉莉與土人美如出一轍，均是長身玉腿、身材健美，神態活潑、激情四射，既與湯天繡這樣的 1920 年代的「老」明星迥異，也與後來的新影星談瑛有別。應該說，影片中經典左翼電影的特徵即階級性、暴力性、宣傳性等均無問題，更新的一點是又為新電影貢

《火山情血》（片頭截圖），無聲片，聯華影業公司 1932 年出品

獻了第二位左翼電影女明星。從這個意義上說，孫瑜不僅開創了中國左翼電影的先河，而且也捧紅了一批新生代的中國電影女明星。

第三個影片是幾年前才向民眾公映的無聲片《奮鬥》，影片編導是拍攝舊市民電影起家的新銳導演史東山，男女主演有陳燕燕、鄭君里、袁叢美和劉繼群。由於陳燕燕也是從舊市民電影時代入道的女星，所以其表演風格和編導史東山的審美風格能夠無縫對接，進而決定了《奮鬥》的仍舊慣的風貌。《奮鬥》是一箇舊

《奮鬥》（截圖），無聲片，聯華影業公司 1932 年出品

市民電影和左翼電影的拼接合成品。這個原因其實很簡單，因為左翼電影還有一個市場性可以言說。但問題是，這是電影從一誕生就具有的先天特性，所謂藝術性不過是附加上去的。因此，《奮鬥》就成為中國電影史上新、舊電影的過渡性產物。它最大的特殊點在於，這是一個比《南國之春》更為完整的、新的證據。

1933 年是所謂的左翼電影年，公眾可以看到 5 部留存至今的影片，聯華影業公司、明星影片公司都有代表性作品，小公司如明月影片公司也沒有擺脫時代大潮成為例外。

本年度「聯華」的大牌編導孫瑜的兩部影片更加具有經典左翼電影風範。首先是《天明》。左翼電影脫胎於舊市民電影，因此無需在故事結構乃至情節上下功夫，只需要將新思想灌注其中，就可以輕而易舉地達到宣傳性的目的。舊市民電影中的妓女只帶有單一的道德評判標準和藝術消費功能，左翼電影中

《天明》（片頭截圖），無聲片，聯華影業公司 1933 年出品

的性工作者則成為新思想的啟蒙者和先行者。《天明》飽含強烈的階級意識，從頭到尾灌注著革命與暴力的道德激情，因此更加具有鼓動性和宣傳性。主演黎莉莉的外在形貌不僅有別於 1920 年代的風塵女子形象，更重要的是具有以往電影中所沒有的社會革命意識。

從新舊電影形態的承接、發展的角度上說，左翼電影往往直接套用舊市民電影的架構和情節套路，但徹底改變了消費弱勢群體、尤其是被侮辱的女性的觀影心理。《小玩意》借助阮玲玉扮演的小商販葉大嫂之口，號召民眾猛醒、投身抗日救亡。弱勢群體、尤其是底層中的底層即女性形象，在以往的舊市民電影中本都是被同情者、被拯救和

《小玩意》（片頭截圖），無聲片，聯華影業公司 1933 年出品

被啟蒙者，或者是被否定者，但在左翼電影中，越是出身貧賤的弱者，越有可能成為社會革命的呼喚者和先行者。這不是編導孫瑜一個人的發明，而是 1930 年代一批左翼知識分子主動選擇：放棄精英階層指導者的地位，指認草根階層為社會歷史發展的核心動力。所以，影片民族主義立場的激進表達，難免讓位於其超常發揮的藝術感染力——而這，其實還是來自舊市民電影的倫理情懷。

本年度的第三部左翼影片是田漢編劇、卜萬倉導演的《母性之光》。如果說，這一年孫瑜編導的左翼影片已然具備了經典範式，那麼，《母性之光》則是在主題思想上再上層樓：將階級意識和血統論串聯通電並先行植入主題思想當中，進而完成了對人性的意識形態化的遮蔽。左翼電影與舊市民電影、以及其他新電影如新市民電影、新民族主義電影最大的不同之處，就在於其激進的意識形態立

《母性之光》（片頭截圖），無聲片，聯華影業公司1933年出品

場和對現實政治的深度介入與當下互滲。但同為左翼人士，其表現又因人而異。在當時的左翼文藝陣營中，《母性之光》的編劇田漢，與陽翰笙、洪深、夏衍等都屬於更為激進，態度更為激烈的同志。這也許可以解釋，為什麼十幾年後，左翼電影與新中國電影，尤其是紅色經典電影有著如此緊密的、內在的邏輯關聯——這四位資深編導後來都成為執掌文藝部門的不二人選。

第四部影片是夏衍化名蔡叔聲，根據茅盾的小說《春蠶》改編的同名影片，自然是一部左翼電影。作為資深的舊市民電影導演，程步高忠實完整地體現了原著的精神實質。從左翼電影的「三性」即階級性、暴力性和宣傳性上看，替弱勢群體即農民階級發聲，階級性和宣傳性是沒有問題的，唯一的問題是暴力性。影片中的暴力性只體現在思想暴力的經濟層面，即對「豐收成災」的社會現實

《春蠶》（片頭截圖），配音片，明星影片公司1933年出品

的反映。因此，這個電影就顯得不好看——因為左翼電影其實更多的是市場選擇的結果，而作為城裏人的中下層市民，對家鄉和農村的不堪其實並不比知識分子更關心多少。因此，《春蠶》賣不出票是必然的結局，這也是出品方明星影片公司後來轉而選擇出品新市民電影原因之一。

左翼電影成為主流，就意味著必然有許多跟風之作。月明影片公司的無聲片《惡鄰》就是一個例證。《惡鄰》也寫農民，但選擇了「東三省」的農民階級和生活；《惡鄰》沒有寫自家種糧食能否賣出去的問題，說的是「鄰家」、「鄰村」欺負「我家」、奪我土地、偷我財寶的大問題。任何一個觀眾都可以看出這不是一部影片，簡直就是現實版的東北形勢演繹。左翼電影的階級性、暴力性和宣

《惡鄰》（片頭截圖），無聲片，月明影片公司 1933 年出品

傳性，以及替弱勢群體說話的種種屬性特徵，其實還建立在一個反強權的基礎之上，即對外反抗日本侵略，對內反抗階級壓迫。因此，《惡鄰》就必然成為一部東北時局危急的普及性教育片——對現實政治的通俗化圖解和對稀缺時政信息的即時影像傳達，就是其意義和價值所在，這，也是左翼電影大行其道的時代土壤。

1934年，蔡楚生為「聯華」編導的是配音片《漁光曲》，此片成為中國電影史上有聲片時代（繼《姊妹花》之後）的第二部高票房影片。和史東山一樣，蔡楚生也是從編導舊市民電影入道的前輩，他對左翼電影的追隨和貢獻，也同樣是追隨時代潮流的結果。但他和史東山（在藝術表現上即《奮鬥》強行向左轉）的「耿直」不同，蔡楚生的《漁光曲》貌似左翼電影，但更像是一年前已經出現的新市

《漁光曲》（片頭截圖），配音片，聯華影業公司 1934 年出品

民電影（新市民電影的開山之作是鄭正秋編導、明星影片公司 1933 年出品的《姊妹花》）——最大的特點是用人性超越階級性。因此，我修正了 2009 年之前的劃分觀點，將《漁光曲》從左翼電影陣營轉入到了新市民電影形態體系。所以，在本書中不予討論。

這一年，孫瑜為「聯華」貢獻了一部體育題材的無聲片《體育皇后》。這個片子可以看作是專為主演黎莉莉量身訂做的，因為後者出挑健美和火辣性感的身材，在傳達左翼精神理念的同時，將以往的女性軀體消費轉化為飽含新知識分子審美情趣的視覺藝術。至於影片整體的故事框架和表現手段，依然是直接借助舊市民電

《體育皇后》（片頭截圖），無聲片，聯華影業公司 1934 年出品

影的慣常模式，即郎才女貌加三角戀愛關係。從這個角度說，左翼電影對舊市民電影情色元素的大量繼承和跟隨時代潮流的新穎體現特徵，在《體育皇后》中表現得更為充分，因為女主演短跑運動員的身份和比賽、訓練場景，為女性軀體的裸露和展示撤除了觀眾審美窺視的道德屏障。

就 1934 年的中國電影歷史而言，一年前不僅有聲片出現，而且大賣其座，但「聯華」在不全然排斥有聲技術的同時，依舊對無聲片製作和銷售信心滿滿〔註9〕。就此而言，公司新人吳永剛編導的《神女》，可以說為中國無聲電影歷史畫上了一個圓滿的、足以驕示後人的句號——沒有哪個研究者可以忽略或繞過《神女》，如果他要研討 1949 年之前的中

《神女》（片頭截圖），無聲片，聯華影業公司 1934 年出品

國電影、尤其是左翼電影的話。《神女》的畫面語言無可挑剔——在這一點上，似乎只有後來的公司同仁費穆可以與之比肩——主演阮玲玉的藝術成就當然不能被評論遺漏，她登峰造極的表演和吳永剛驚豔亮相的導演可謂珠聯璧合。從思想史的角度說，《神女》先天性的人道主義硬件配置，不僅刪除了社會運行過程中變異的道德病毒，而且也將試圖侵入的意識形態編碼予以隔離，從而形成對藝術敘事機制的強力保護。

〔註9〕《中國電影發展史》，第一卷，程季華主編，中國電影出版社 1963 年版，第159 頁。

與此同時，孫瑜這一年編導的配音片《大路》，可謂「聲」「色」俱佳。由聶耳譜曲的《大路歌》和《開路先鋒》等主題曲和插曲，在彰顯左翼電影時代精神的同時，其旋律至今依然動人心魄。由於影片中的男性正面人物群體，基本上是在烈日下揮汗如雨勞作的築路工人，因此其裸露尺度之大、審美程度之康健，在 1949 年之前的民國電影史上都屬罕見。男影星金焰的性感出鏡，值得一再賞鑑肯

《大路》（片頭截圖），配音片，聯華影業公司 1934 年出品

定，可以說首開男性軀體審美的先河。這方面，環肥燕瘦的女主演黎莉莉、陳燕燕亦各逞其能，其中不乏有女同嫌疑的動作和場景，稱得上驚世駭俗。從編導個人的角度上說，《大路》意味著精英階層即知識分子在社會發展中的自我反省與主動退離，隨著左翼電影的模式化成熟，其內在思想質地開始硬化。

蔡楚生的配音片《新女性》，與他先前編導的《漁光曲》一樣，始終注重左翼理念與舊市民電影結構性元素的新、舊組合搭配。就畫面張力而言，《新女性》最讓人觸目驚心的不是阮玲玉飾演的成為男性買賣品的女主人公，而是她送女兒住院後因為錢不夠被迫離開的那兩組鏡頭：一架架滿當當的藥品、一張張空蕩蕩的病床。對比懷中瀕臨死亡的可愛女

《新女性》（片頭截圖），配音片，聯華影業公司 1934 年出品

孩，影片生成和傳達的是極具鼓動性的視覺震撼和心理暴力。影片及時吸收引進新的電影有聲技術、融入當時興盛蓬勃的大眾文藝的通俗元素（譬如大量流行歌曲的穿插使用）的做法則表明，左翼電影強盛的製作趨勢和市場需求依然存在，其表現手法在向舊市民電影回歸的同時，更注重在技術手段上向新市民電影靠攏。

一家由幾個志同道合的理工科留美學生組建的小公司——電通影片公司，與「聯華」這樣的大公司，一同分享了1934年的中國左翼電影製作和市場。並且，從一定程度上看，其僅有的四部作品，單就思想深度和藝術成就而言，有後來居上、不讓前輩的趨勢和實力。袁牧之編劇兼主演、應雲衛導演的有聲片《桃李劫》，不僅是「電通」自己

《桃李劫》（片頭截圖），有聲片，電通影片公司1934年出品

的第一部影片，也是有聲片時代的第一部經典左翼電影。影片的主題將批判、否定、抗爭、毀滅貫穿始終，批判性、階級性、暴力性與藝術表達的樸素性共存。敘述的大學生殺人事件及其成因表明，如果精英階層的知識分子因為秉承良知、堅持正義而在生存層面都成為社會問題，那麼人們就有理由認為，這樣的非人道的、不合理的社會體制應該被毀壞。因此，與其說《桃李劫》是對個案人物命運不公的控訴，不如說青年知識分子對社會的嚴厲批判。

進入1935年後，「電通」出品的有聲片《風雲兒女》，不僅是有聲片時代經典左翼電影的巔峰絕唱，也是1949年後大陸紅色經典電影的文化寶藏。後一句話的根據在於，第一，影片原作和分場劇本分別出自田漢與夏衍之手；而導演許幸之和主演袁牧之、王人美、談瑛、顧夢鶴等，不過是忠實而完美地體現了左翼思想激進的社會批判態度和嚴苛的階級革命立場。第二，田漢作詞、聶耳作

《風雲兒女》（片頭截圖），有聲片，電通影片公司1935年出品

曲的影片插曲《義勇軍進行曲》在14年後成為新生政權的「代國歌」。就影片而言，其融宣傳性、思想性、藝術性及市場性於一體的敘事策略，也意味著左翼電影的市場化轉軌。就出品方電通影片公司而言，《風雲兒女》意味著

製片路線開始從左翼電影向新市民電影轉化。因此，討論 1930 年代的中國電影，既需要注意舊市民電影與左翼電影之間的承接關係，也需要注意左翼電影與同為新電影的新市民電影的文化關聯。

1936 年年初，為了建立中國文藝界抗日民族統一戰線，「左翼作家聯盟」和「左翼戲劇家聯盟」先後宣佈「自動解散」，並先後展開「國防文學運動」和「國防戲劇運動」〔註10〕；5 月間，「國防電影」的口號被提出討論〔註11〕。在一定程度上說，由於「國防電影」是左翼電影的升級換代版本，因此，一方面，國防電影開始進入生產流程並推向市場，另一方面，由於藝術產品生產的相對滯後性，所以，到 1937 年 7 月抗戰全面爆發前，這兩年間的中國電影面貌依然保持著多元性，即既有左翼電影和國防電影，還有新市民電影和新民族主義電影等形態的影片共存〔註12〕。

現存的、公眾可以看到的 1936 年的中國電影，可以劃入左翼電影序列的影片，只有聯華影業公司出品的配音片《孤城烈女》(又名《泣殘紅》，但現存的 VCD 碟片視頻並沒有聲音)。此片由朱石麟編劇，王次龍導演，陳燕燕、鄭君里主演。從電影生產的年度上說，《孤城烈女》是「國防電影運動」和新市民電影大潮中的

《孤城烈女》(《泣殘紅》，片頭截圖)，配音片，聯華影業公司 1936 年出品

存留之作，是左翼電影的餘波回轉；從影片本身來看，它與 1949 年後大陸的

〔註10〕 《中國電影發展史》，第一卷，程季華主編，中國電影出版社 1963 年版，第 416 頁。

〔註11〕 《中國電影發展史》，第一卷，程季華主編，中國電影出版社 1963 年版，第 418 頁。

〔註12〕 對這一問題的詳細討論，請參見如下文章：《1922～1936 年中國國產電影之流變──以現存的、公眾可以看到的文本作為實證支撐》，(載《學術界》2009 年第 5 期，未刪節版收入拙著《黑白膠片的文化時態──1922～1936 年中國早期電影現存文本讀解》，上海三聯書店 2009 年版)，《20 世紀 20 年代中國電影文化生態的低俗性及其實證讀解》，(載《杭州師範大學學報》2009 年第 4 期)，《中國現代文學和早期中國電影的文化關聯──以 1922～1936 年國產電影為例》，(載《中國現代文學研究叢刊》2010 年第 4 期)。後兩篇文章收入拙著《黑夜到來之前的中國電影──1937 年現存國產影片文本讀解》(中國廣播電視出版社 2012 年版)，敬請參閱。

「紅色經典電影」存在著部分基因的隔代傳遞關聯〔註13〕；若再從影片的文化生態上講，在「國防電影運動」和新市民電影大潮的合流夾擊下，《孤城烈女》多少顯得落後於潮流變遷。因此，其當下的解讀意義在於：影片爲當時左翼電影留下新時代的印痕並在最終定格於歷史背景的同時，又從一個特定角度，爲1949年後大陸新中國電影文化和電影藝術提供了強大的思想支持和藝術模式資源。

1937年1月，聯華影業公司出品了一部空前絕後的有聲「集錦片」《聯華交響曲》。所謂集錦，是因爲此片由八個互無關聯的短片組成，即《兩毛錢》《春閨斷夢──無言之劇》《陌生人》《三人行》《月夜小景》《鬼》《瘋人狂想曲》《小五義》等。

《聯華交響曲》（集錦片，片頭截圖），有聲片，聯華影業公司1937年出品

《聯華交響曲》出品的背景原因是，一年前，「聯華」的創辦者之一、業務主導與藝術首腦黎民偉、羅明祐，編導吳永剛等均已被迫退出公司。因此，此片是出於凝聚人心、捆綁式打包上市的應急產品主要是左翼電影和國防電影。

除了費穆編導的《春閨斷夢──無言之劇》極爲出色且屬於國防電影之外，其他大多乏善可陳。我認爲應劃入左翼電影（餘緒）的是《兩毛錢》（編劇：蔡楚生；導演：司徒慧敏；主演：藍蘋）、《三人行》（編導：沉浮；主演：韓蘭根、劉繼群、殷秀岑）和《鬼》（編導：朱石麟；主演：黎莉莉）。

〔註13〕 對這一問題的詳細討論，請參見如下文章：《1922～1936年中國國產電影之流變──以現存的、公眾可以看到的文本作爲實證支撐》，（載《學術界》2009年第5期，未刪節版收入拙著《黑白膠片的文化時態──1922～1936年中國早期電影現存文本讀解》，上海三聯書店2009年版），《20世紀20年代中國電影文化生態的低俗性及其實證讀解》，（載《杭州師範大學學報》2009年第4期），《中國現代文學和早期中國電影的文化關聯──以1922～1936年國產電影爲例》，（載《中國現代文學研究叢刊》2010年第4期）。後兩篇文章收入拙著《黑夜到來之前的中國電影──1937年現存國產影片文本讀解》（中國廣播電視出版社2012年版），敬請參閱。

丙、結語：左翼電影的歷史存在和當下的價值重估

1930年代中國的左翼電影及其背後的左翼文藝，首先是一種歷史性存在，其次是當時社會生態和文藝生態的自然結果，再次，左翼電影對1949年後中國大陸電影的直接影響及其對當下的現實意義和價值值得重估。

《聯華交響曲》之一《兩毛錢》（片頭截圖）

1930年代，左翼文學、京派文學、海派文學，既是處於「對峙與互滲」狀態中的三大文學主潮〔註14〕，也是對中國社會尤其是文藝生態影響巨大的文化現象。從現存的、公眾可以看到的影片來說，左翼電影既然是以新文藝、新文學爲主要取用資源，既然中國電影的生產中心和消費中心是在上海，那麼，左翼電影的發生、源流和特徵，主要是接受和轉化左翼文學和海派文學的結果。左翼電影是最早在舊電影即舊市民電影的基礎上生發、脫胎而來的新的電影形態，它是中國電影發展的客觀延續，更是中國電影歷史的重要組成部分。無論是誰、無論喜歡與否，左翼電影都是不容抹殺甚至不容忽略的歷史性存在。

左翼電影的發起者和主創人員，主要是具有留學海外背景的知識分子，而1930年代影響全球的主要社會思潮是左翼思想。作爲新的電影形態，左翼電影從一開始出現就受到資本和市場的熱捧，一大批新銳編導和新生代男女明星應運而生，並培養了數量龐大的新觀眾群體。因此，左翼電影的興盛，與其說是處於社會精

《聯華交響曲》之四《三人行》（片頭截圖）

英階層之一的知識分子的主動引領，不如說是中國社會生態，尤其是文藝生態的必然趨勢所致。左翼電影激進的民族主義立場——反抗外來勢力尤其是

〔註14〕錢理群、溫儒敏、吳福輝：《中國現代文學三十年（修訂本）》，北京大學出版社1998年版，第209頁。

日本的軍事侵略、強烈的階級和階級鬥爭理念，其實是當時中國民族主義浪潮和各種政治勢力集團角逐在藝術領域中的體現。

1936年國防電影（運動）的興起，意味著左翼電影時代的完結，因爲左翼電影的階級性、暴力性和宣傳性，基本被國防電影的民族性、抗日思想和現代國家觀念的啓蒙性所取代。因此，1937年7月抗戰全面爆發後國統區的電影製作，幾乎是國防電影的單一存在形態，

《聯華交響曲》之六《鬼》（片頭截圖）

（並隨著抗戰的全面勝利而終結其歷史使命）。1949年後，兩岸三地的電影各自前行，港臺電影暫時按下不表，由於意識形態的歷史性承接，大陸電影在將左翼電影的階級性、暴力性和宣傳性完全浸泡於意識形態話語汁液中的前提下，割裂式地提取、嫁接和放大了左翼電影的原碼基因特徵，進而形成左翼電影的轉基因隔代遺傳症候，那就是一直延續至1980年代包括第五代導演代表作品在內的大陸紅色經典電影始終佔據籠罩大陸電影文化生態的結局。

什麼是左翼？左翼的本意是革命、先鋒、前衛、另類、激進、反主流的同義詞。因此，1930年代的左翼電影才是名副其實、名至實歸。1949年後的大陸電影，其實更多是跨時空地抽取、變異和借助了左翼電影的內部資源和外形特徵，其實與左翼電影的本質相對立——「主旋律電影」是它的另外一個新名號。因此，大陸第五代導演的代表作品只是形式上的革命〔註15〕，與內容的左翼和歷史上的左翼電影無涉，第六代導演才是左翼電影的正宗傳人〔註16〕〔註17〕。因爲，第六代導演的特徵，就藝術性而言，其視聽語言在鏡頭、景別、構圖等方面，全面繼承借鑒了「舊」電影——第五代導演代表作品——的已有成就；就思想性而言，第六代導演的代表作品則是對包括「舊」

〔註15〕 袁慶豐：《1980年代第五代導演的視覺革命與藝術貢獻——以1987年的〈紅高粱〉爲例》，載《長江師範學院學報》2010年第2期（重慶，雙月刊）。

〔註16〕 袁慶豐：《第六代導演：忠實於時代記錄和敘事功能的恢復——以顧長衛的〈孔雀〉爲例》，載《浙江傳媒學院學報》2012年第6期。

〔註17〕 袁慶豐：《第六代導演作品的主體性視角流變與顛覆性的主題和藝術表達——以王超編導的〈安陽嬰兒〉爲例》，載《浙江傳媒學院學報》2014年第1期。

電影在內的大陸電影全方位地顛覆。這，與當年的左翼電影對「前輩」電影
——舊市民電影——的繼承和反動何其相似乃爾？〔註18〕

　　歷史上的左翼電影，其階級性、暴力性和宣傳性，除了基於市場性即時
代性之外，其實還建立在反主流的基礎之上，其中之一就是替弱勢群體，尤
其是弱勢中的弱勢——失去土地和家園的農民、淪爲城市底層的農民工和進
城賣身爲生的女性性工作者——張目、發聲。而這一特徵，在第六代導演的
代表作品中無不一一呈現，既受到包括知識階層在內的大陸民眾的認可，也
受到資本和市場的追逐，更受到當局的審查和否定。而這，又與當年左翼電
影的境況何其相似乃爾？因此，如果僅僅從這一點而言，這更是重估和評價
1930 年代中國左翼電影的價值和意義所在。沒有民族性和傳統性，何以談中
國？取消了現實性和歷史性，何以談電影？沒有文本的支撐，現代性、普世
價值和學術性又從何談起？

本書原名爲《黑旗袍：新世紀中國電影讀片報告（節選本）》，被更名爲《新世
紀中國電影讀片報告》，同時內容文字和圖片也多有被刪減的情形。

　　　　　　　　　　　　初稿時間：2005 年 10 月 9 日
　　　　　　　　　　　　初稿錄入：呂月華
　　　　　　　　　　　　二稿修訂：2014 年 11 月 19 日～12 月 20 日

〔註18〕對這一問題的深入討論和更多個案研判，請參見拙著《新世紀中國電影讀片
　　　　報告》（中國傳媒大學出版社 2014 年 1 月版，本書出版時，內容文字和圖片
　　　　多被刪減或改動）。

第壹章　從舊市民電影愛情主題向左翼電影政治主題的過渡——《野玫瑰》(1932年)：早期左翼電影樣本讀解之一

閱讀指要：

　　《野玫瑰》並沒有想打破舊市民電影道德體系和道德評價體系的約束，事實上正是在這樣的保險機制下充分展示了愛情道德和性道德之美。譬如女主人公自始至終為男主人公保留著應該保留的東西。這是一個很重要的道德尺度，因為它是保證男女主人公政治性和革命性純潔度的一個必要前提，就像在舊市民電影中，作為婚姻的正統性和合法性的前提保障一樣。對《野玫瑰》讀解的價值和意義在於，你可以從中發現中國舊市民電影傳統模式、左翼文藝思想與表現模式對完全意義上的左翼電影（或曰左翼經典電影）在敘述模式、道德約束和主題思想三方面的影響和制約。

關鍵詞：左翼；左翼色彩；左翼文學；左翼電影；舊市民電影；

專業鏈接 1：《野玫瑰》（故事片，黑白，無聲），聯華影業公司 1932 年出品。
　　　　　VCD（雙碟），時長 80 分鐘。
　　　　　>>> **編劇、導演**：孫瑜；**攝影**：張偉濤。
　　　　　>>> **主演**：王人美、金焰、葉娟娟、章志直、嚴工上。

專業鏈接 2：原片片頭字幕及演職員表字幕（標點符號爲錄入者添加）
　　　　　《野玫瑰》。
　　　　　監製：羅明祐；製片主任：陸涵章；攝影：余省三；布景：方沛霖。
　　　　　演員表：
　　　　　　　　　江波——金焰，
　　　　　　　　　小鳳——王人美，
　　　　　　　　　素秋——葉娟娟，
　　　　　　　　　小李——鄭君里，
　　　　　　　　　老槍——韓蘭根，
　　　　　　　　　老憨——劉繼群，
　　　　　　　　　小鳳父——章志直，
　　　　　　　　　江父——嚴工上。
　　　　　編劇、導演：孫瑜。

專業鏈接 3：影片鏡頭統計

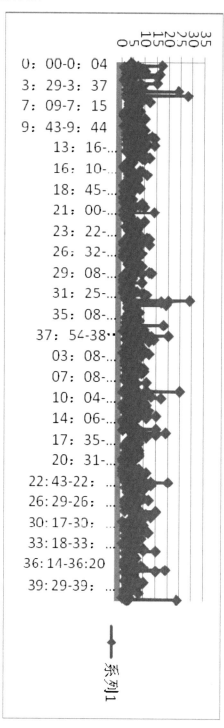

說明：《野玫瑰》全片時長 78 分 41 秒，共 878 個鏡頭。其中：

甲、小於和等於 5 秒的鏡頭 457 個，大於 5 秒、小於和等於 10 秒的鏡頭 229 個，大於 10 秒、小於和等於 15 秒的鏡頭 37 個，大於 15 秒、小於和等於 20 秒的鏡頭 11 個，大於 20 秒、小於和等於 25 秒的鏡頭 3 個，大於 25 秒、小於和等於 30 秒的鏡頭 2 個，大於 30 秒、小於和等於 35 秒的鏡頭 0 個。

乙、片頭鏡頭 7 個，片尾鏡頭 1 個；黑屏鏡頭 13 個；字幕鏡頭 119 個，其中交代劇情的鏡頭 13 個，交代人物鏡頭 3 個，對話鏡頭 103 個。

丙、固定鏡頭 653 個，運動鏡頭 99 個。

丁、遠景鏡頭 15 個，全景鏡頭 191 個，中景鏡頭 348 個，近景鏡頭 129 個，特寫鏡頭 57 個。

（數據統計與圖表製作：邢軍、李梟雄，核實：李梟雄）

專業鏈結 4：影片觀賞推薦指數：★★☆☆☆

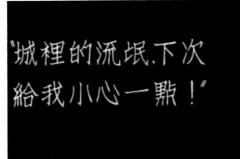

甲、前面的話

對 1949 年前中國早期電影研究的歷史表明，研究者們一般都不會否認，從 1933 年到 1937 年 7 月抗戰爆發之前，是中國電影發展的高峰時期[1] P171。有意思的是，1930 年代同時也是 1917 年以來中國現代文學發展的第二個高峰時期[2] P214。所謂的高峰就是在這一時期，中國的文學和電影在成功地繼承本土文化傳統的基礎上，在藝術水平上和世界文學、世界電影全面接軌、同步。對中國電影高峰而言，其中一個重要特徵就是從 1932 年開始，出現了包括《野玫瑰》在內的帶有左翼色彩的電影，打破了從 1910 年代開始形成、持續到 1930 年代初期的舊市民電影的單一電影主流壟斷形態和審美模式。

在 1930 年代席卷中國電影界的左翼電影浪潮中，聯華影業公司（1930～

1936）和它旗下的偉大導演孫瑜（1900～1990）居功厥偉〔註1〕。「聯華」公司
成立後出品的第一部電影《故都春夢》就是由孫瑜編導的（影片拷貝缺失）。現
在公眾可以看到的 1932 年的 3 部影片，全部是「聯華」公司的作品，其中，《南
國之春》是蔡楚生編導的，《野玫瑰》和《火山情血》的編導則均為孫瑜。

「中國就是媽媽！
愛中國就是愛媽
媽呀！」

　　《野玫瑰》是 1930 年代中國左翼電影類型中的一個代表，但在我看來，
它不是完全意義上的左翼電影，而是左翼電影的早期作品（或稱之為帶有強
烈左翼色彩的舊市民電影）樣本。對《野玫瑰》讀解的價值和意義，在於可
以從中發現中國舊市民電影傳統模式、左翼文藝思想與表現模式，對完全意
義上的左翼電影（或曰左翼經典電影）在敘述模式、道德約束和主題思想三
方面的影響和制約。實際上，現存 1932 年的 3 部影片都屬於早期左翼電影，

〔註1〕　孫瑜出身於重慶的書香門第，1914 年進入天津南開中學，1920 年考入清華
　　　　大學，畢業後赴美國威斯康辛大學學習文學戲劇，隨後又在紐約電影攝影學
　　　　校和哥倫比亞大學電影科就讀；1927 年回國，先後進入上海的長城畫片公司
　　　　和民新影片公司，編導了《蜘蛛黨》（1928）、《漁叉怪俠》（1928）和《風流
　　　　劍客》（1929）；1930 年加入聯華影業公司後 [1] P149～150，編導了 14 部影片，
　　　　絕大部分成為中國電影史上的經典之作，如《故都春夢》（1930）、《野玫瑰》
　　　　（1932）、《天明》（1933）、《體育皇后》（1934）和《大路》（1935）等。1949
　　　　年後，孫瑜的經典之作是他在 1948 年就開始編導的《武訓傳》，影片完成於
　　　　1950 年底。1951 年 2 月，由私營企業──崑崙影業公司出品的《武訓傳》
　　　　先後在上海、南京公映，獲得民眾好評；隨後孫瑜帶片進京放映，周恩來、
　　　　朱德等黨政高級領袖出席觀摩，評價甚好。不料時隔三個月，1951 年 5 月
　　　　20 日，《人民日報》發表由黨和國家最高領導親自撰寫的社論《應當重視電
　　　　影〈武訓傳〉的討論》，指出《武訓傳》「狂熱地宣傳封建文化」、「向反動的
　　　　封建統治者投降」，由此展開了一場全國規模的對《武訓傳》的批判運動 [10]。
　　　　孫瑜的偉大意義在於，他的創作成就和不幸際遇，是中國電影前後兩個 50 年
　　　　的對比和寫照。現在公眾還可以看到孫瑜 1949 年前的一些作品，但作為一部
　　　　並不傑出的電影，《武訓傳》在將近 60 年的時間裏連專業研究者也無從得見。
　　　　實際上，《武訓傳》已經不是一部電影的名字，而已經成為中國大陸的政治概
　　　　念和文化禁忌並延續至今。

而對它們的深入討論，還必須首先對其在1930年代初期的生成歷史、政治和文化背景做必要的回顧。

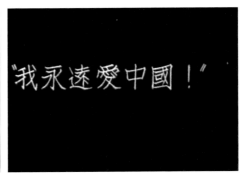

乙、左翼運動、左翼文學的政治、文化歷史背景和左翼電影的共同特徵

子、政治背景

就1930年代的國際背景而言，資本主義正陷入全球性的經濟危機之中，1929年，美國的經濟大蕭條摧毀了資產階級體系締造的經濟帝國神話。與此同時，共產主義思潮和馬克思列寧主義思想在世界範圍內產生巨大影響：通過使用革命暴力和暴力革命，蘇聯建立的人類歷史上第一個社會主義國家，爲世界各國樹立了一個可資借鑒的革命樣板。

在中國國內，1927年4月12日，國民黨和共產黨在取得「北伐」勝利後正式決裂，結束了從1924年開始的國共合作，受到蘇聯和共產國際支持與援助的中共從此和定都南京、執掌全國中央政府權力的國民黨在政治和軍事上處於激烈的對抗狀態，並很快在政權上形成對峙〔註2〕：「1930年9月9日，（中

〔註2〕　中華蘇維埃共和國（Chinese Soviet Republic）誕生於1931年11月7日，終結於1937年9月6日，建立者爲中國共產黨，首都爲江西省瑞金。由於中華蘇維埃共和國建立在中華民國境內，因此，被中華民國政府視爲武裝叛亂割據政權。……中華蘇維埃共和國於1934年建立了自己的憲法。該憲法宣稱，其憲法大綱代表著中華蘇維埃共和國在中國所要實現的基本任務。這些基本任務主要有：保證蘇維埃區域工農民主專政的政權和達到在全中國的勝利；中華蘇維埃政權所建設的是工人和農民的民主專政的國家；工農、中國共產黨軍隊成員等爲蘇維埃共和的公民；制定勞動法，宣佈8小時工作制；推翻與外國「帝國主義」簽訂的「不平等條約」；蘇聯是中華蘇維埃共和國的鞏固的聯盟者；中華蘇維埃共和國政府不承認中華民國的貨幣，自己發行獨立的貨幣；1937年9月6日，中華蘇維埃共和國最後一個政府機關「中央政府西北辦事處」改爲「中華民國陝甘寧邊區政府」，中華蘇維埃共和國至此自動終結[11]。

共）中央總行委主席團召開會議，決定成立中華蘇維埃共和國，成立臨時中央政府……12 日，蘇維埃代表大會中央準備臨時常委會在上海召開全體會議，把全國十幾塊蘇區劃分爲：湘鄂贛、贛西南、湘鄂西、湘南、粵閩、廣西、贛東北、鄂豫皖、瓊崖等9個特區」[3]；「1931 年 11 月，中華蘇維埃第一次全國代表大會召開……宣告了中華蘇維埃共和國臨時中央政府的成立。11 月 27 日，中央執行委員會舉行第一次會議……決定中華蘇維埃共和國臨時中央政府設在瑞金」[4]。

丑、文化背景

1928 至 1929 年間，中國文藝界關於革命文學的論爭，客觀上深化了馬克思主義文藝理論的傳播，在此影響下形成的左翼文藝思想受到中國知識階層、尤其是青年知識分子的熱烈回應與擁護。1930 年的 3 月 2 日，中國左翼作家聯盟在上海成立，它的成員既有魯迅這樣在文化界享有世界聲譽的作家、郁達夫這樣的傳統文人，也有在戲劇電影界具有中共黨員背景和身份的著名左翼編劇，如陽翰笙、夏衍、周揚和田漢等人；「左聯」內既有中國共產黨的組織「黨團」，接受中共中央宣傳部文化工作委員會的領導，同時作爲「中國支部」，與屬於「國際無產階級文藝運動」的「國際革命作家聯盟」建立了聯繫[5]。

1930 年代，中國文學存在著左翼文學、京派文學和海派文學三大文學派別（潮流）之間的對峙與互滲[2] P209。當然，這三者有一個共同的特點就是都局限於大中型城市。而面對國民黨政府逐漸強硬的施政理念和獨裁思想，左翼文藝在政治思想和藝術創作中表現出革命的、進步的、激進的和前衛的姿態[註3]。同時，1917 年開始的中國新文學發展到 1930 年代，出現一個偏差

〔註 3〕用現在的話講，左翼文藝就是最酷的文藝潮流。換言之，凡是革命的、進步的、積極向上的、思想純潔的、熱情的、有血氣的進步青年，無疑都是左翼運動和左翼文藝的堅定擁護者——這很正常，就像現在人人都想成爲擁有鉅額財富的資產階級一樣。

或曰呈現一個特色：文藝的知識階層化，它的作者、作品、所影響的人群，大致局限於包括廣大青年學生在內的知識階層，並沒有能夠完全達到當初新文學倡導者們提倡的「平民文學」的預期目的。在這個意義上，左翼文學號稱或者說它的著眼點放在平民大眾層面的努力，一定程度地修正了新文學的走向，突破了新文學受眾群體和階層的局限。因此，左翼文學的特徵又可以加上平民的、大眾的和社會弱勢群體的特點補充。而這些特徵，又可以直接形容和大致歸納總體而言的 1930 年代的中國左翼電影。

寅、電影的大眾性、鼓動性和左翼電影的政治指導性

電影的感染力、親和力，既不同於、實際上也高於傳統的紙質文藝作品的特徵，而且電影的直觀性或曰圖象性是紙質文藝所不具備的。因此，電影的傳播能量譬如大眾性、鼓動性，以及破壞性相對強烈、更為突出。尤其是當它面向廣大的、有一定閱讀理解障礙的底層民眾時、尤其是當它被賦予明確的政治指向和鼓動作用時，更是如此。

作為社會的群體性動物，個人的能量是有限的，其破壞性能量的爆發也必須經過較長時間的積聚，而且需要適當的場合、恰當的溫度。但是當個體處在群體活動當中時，能量積聚所需要的時間可以縮短，而能量的爆發、所帶來的破壞力既超出他個人的能力和的想像，更不要說一個群體集合起來所形成的破壞力〔註4〕。

由於電影具有影像的直觀性和無障礙性，因此它的能量傳播、群體效應就更為強烈。左翼或帶有左翼色彩的電影，一個突出的特點是宣傳性、鼓動

〔註 4〕所以可以想見，當群體聚集在一個相對密閉的空間中看電影，影像和口號疊加，刺激急劇升溫，自然會讓你熱血沸騰。人身上潛伏著的、被壓抑的暴力欲望（包括性的欲望）被急劇提升。

性特別強烈。左翼電影中有很多旗幟鮮明的政治指向、立場激進的口號和理念，譬如反對帝國主義、反對資本主義、反對地主階級、反對統治當局，仇視富人、同情窮人……但1932年的《野玫瑰》在這方面並不是一個突出代表。

1931年9月，中共地下組織通過《最近行動綱領》，規定了左翼電影面向工人、農民和城市小資產階級，直接為階級鬥爭服務的基本方針[1] P177~179；1932年，中共地下組織正式成立電影小組，由夏衍具體主持工作，有組織地、直接推動左翼電影創作[1] P185。實際上，研究者們早就注意到了這一點：「如果說，在一二十年代，電影只被商人（如影院老闆）、中小企業家（如『明星』、『天一』、『聯華』等的經營者）或者熱心社會教育者（如『商務』）所關注。那麼，這時已成為階級、階層的意志和力量的集中體現的政黨（國民黨、共產黨）及其權力機關（如政府）所努力控制和掌握的對象，使其含有一種比過去更為顯著的意識形態內容，並左右其走向」[6]。

需要強調的是，左翼電影如此強烈的宣傳性、鼓動性、抗爭性，有一個直接的時代現實背景：1931年9月18日，日本軍隊正式向中國軍隊開戰，侵佔了中國東北四省（「九‧一八」事變）；1932年1月28日，日本軍隊向駐守上海的中國軍隊開戰（「一‧二八」淞滬抗戰），進而迫使中國政府規定上海為非武裝區，中國不得在上海至蘇州、崑山一帶駐軍，而日軍則可留駐上海（《淞滬停戰協定》）；1932年3月1日，日本扶植成立傀儡政權「滿洲國」，公然割裂中國領土、侵犯中國國家主權……。

在面臨異族入侵、民族存亡的生死關頭，中國民間抗日情緒高漲：「在上海，學生遊行示威繼續高漲，要求有力回擊日本的侵略，反對蔣政府謹小慎微的外交政策」[7]；而同時，國民政府對外步步退讓、試圖委曲求全，對內則以武力剿殺中共及其武裝，嚴厲打壓民意和不同政見，明令禁止抗日活動和

宣傳抗日 [1] P292～293。因此,從 1931 年「九‧一八事變」到 1937 年 7 月抗日戰爭全面爆發,既是中國 1930 年代左翼電影的生成背景,也是左翼電影的出現和演變的歷史時期。

 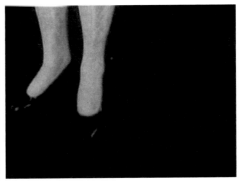

丙、舊市民電影的敘述模式、道德評判體系對《野玫瑰》的約束和影響

從中國電影歷史的角度看,在左翼電影的生成和演變過程中,1920 年代的舊市民電影的影響一直很少被注意。實際上,類似《野玫瑰》這樣的早期左翼電影,帶有濃重的舊市民電影色彩,只不過它們歷來被人為賦予的左翼光環所遮蔽。

在我看來,在 1932 年左翼電影出現以前的國產電影都屬於舊市民電影。舊市民電影在敘述模式上是封閉的,在道德觀念上是陳舊迂腐的,審美趣味比較低俗、鹹濕,最明顯的例證就是武俠影片的文化癲狂和暴力打鬥;舊市民電影的題材相對單一,往往局限於家庭婚姻,全是些「東家長西家短、三隻耗子四隻眼」這些庸常事件,因此它的定位非常明確,對底層民眾的指向性非常強。在左翼電影出現之前,電影不過是觀眾的一種低端娛樂消費——把看電影當一個樂兒,「引車賣漿者流」的電子影像消費。

進入 1930 年代以後,接受過五‧四新文化運動和現代西方文明洗禮的知識階層,在製作和消費兩個方面全面介入電影業界,尤其是青年學生成為觀眾的重要組成部分。在這個意義上可以說,基本把控中國主流文化的現代知識分子,以其激進的文化價值取向和對國家意識形態的主動介入姿態,推動了左翼電影的迅速發展,並使其成為新文化運動在 1930 年代的重要組成部分之一。

譬如，《野玫瑰》的故事框架實際上是一齣舊市民電影的翻版：一個城裏的富家少爺（金焰扮演），對鄉下一個窮女子（王人美扮演）一見鍾情〔註5〕。唯一不同的是作爲一個畫家（新知識分子），少爺並沒有像舊市民電影表現的那樣，或者終於幸福地與窮家女子結婚或者在家族或社會的壓力下愛情破裂，或者始亂終棄，而是在窮女子的鼓勵下，一起投身反政府的抗敵宣傳遊行隊伍。（1937年7月抗戰全面爆發之前，所有的影片都奉政府檢查機關之命，不允許出現「抗日」字樣，但製片方和觀眾都對此心知肚明〔1〕 P293）。

《野玫瑰》之所以不是舊市民電影的關鍵點，就是在保留男主人公因色生情的基礎上，加入了激進的政治立場表述（抗日救國）和革命行動（抗日宣傳）的光明尾巴；將「公子落難後花園」的傳統模式，顛倒爲鄉下女子引導男主人公走上正確道路並獲得圓滿愛情。由此，《野玫瑰》奠定了左翼電影中主人公投身革命的早期模式之一，即女主人公小鳳家庭出身（父親死亡）的非正常模式，及其由階級性決定的、先天的革命性、鬥爭性和政治正確性。（這種模式，在後來的左翼電影中被逐漸固定下來，並在1949年後的中國大陸電影中發揚光大）。

在舊市民電影中，道德及其評價體系一直是穩固和強大的，尤其是性道德層面，與其說是陳舊不如說是保守。（所謂黃色電影不過是在道德保險機制健全的前提下、無風險的能量釋放和視覺遊戲而已）。《野玫瑰》並沒有想打破這種模式的約束，事實上，正是在這樣的保險機制下充分展示了愛情道德

〔註5〕 作爲「聯華」公司推出的新人，王人美（1914～1987）就此走紅，成爲公司和1930年代的電影界當紅明星之一。《野玫瑰》中小鳳的身世，與她個人的早年生活多有重疊（王人美5歲喪母，11歲時父親去世）；而在銀幕下，王人美和金焰在1934年結爲夫妻。（1945年兩人分手。1947年，金焰和同行秦怡再結連理，直到1983年金焰去世；1955年，王人美眞的嫁給了畫家葉淺予）。

和性道德之美。譬如當男女主人公從開始交往、到被迫分手、再到重新相遇的時候，你可以確定，女主人公自始至終為男主人公保留著應該保留的東西。這是一個很重要的道德尺度，因為它是保證男女主人公政治性和革命性純潔度的一個必要前提，就像在舊市民電影中，它是男女主人公婚姻的正統性和合法性的前提保障一樣。

完全意義上的左翼電影（或曰經典左翼電影）《風雲兒女》（電通影片公司 1935 年出品），雖然在一定程度上突破了這種道德框架，譬如影片並沒有因為男主人公辛白華和富家女子濃重的肉體愛戀而否定他的革命性，但還是安排女主人公回到老家，最後如願等來了男主人公。這種性道德的要求和約束，其實反映了中國文化中男性對女性在肉體和精神掌控方面的強勢地位，反映在《野玫瑰》裏，就是大力表現鄉下女子清新可愛的野性之美[8]；而在同時期的左翼電影譬如《火山情血》（聯華影業公司 1932 年出品）和《大路》（聯華影業公司 1934 年出品）中，對女性美的有意識地展示，不能不說左翼電影在新時代對舊市民電影中審美意識大眾性的繼承和發揚光大。因此，作為早期左翼電影，《野玫瑰》的標本意義在於，將舊市民電影的愛情主題降低為結構性線索，同時代之以意識形態的宣傳和體現。

丁、《野玫瑰》的主題思想和激進政治立場的現實意義

《野玫瑰》以女主人公的成長為中心，將更多的鏡頭和注意力放置在和城市做強烈對比的鄉村，把一個庸常的愛情故事轉移到抗日救亡政治宣傳上去，在對底層弱勢群體的關注的同時，大力提升其道德地位，並且把這種優勢定位下的政治屬性和對當下社會現實的直接反映聯繫起來，這既是左翼文學和左翼電影現實主義精神的體現，也是《野玫瑰》的主題思想特徵。

　　隨著中國社會現代化和城市化進程的推進，中國新文學發展到 1930 年代，有一個偏向，就是都市化和小資產階級情調日趨濃重，左翼文學的修正之一就是把目光更多地轉向民間，轉向底層，轉向弱勢群體。什麼是弱勢群體？寬泛一點說就是經濟上處於社會底層和邊緣，在意識形態上只能夠作為陪襯和被憐憫、同情、批判的那些人，（在當時就是農村裏的農民、城市裏的底層市民、小商小販和產業工人，今天這種人叫民工，基本脫離土地到城市來做工的農民）。那麼，知識分子，包括作家、電影編導和青年學生，他們這種目光的轉換和同情是發自內心的。這是因為，經過 1910 年代中後期新文化運動和「五·四運動」前後的新文學發展，已經基本完成對知識階層自身的人道主義思想啟蒙和價值觀念普及，而由 1920 年代、尤其是 1930 年代初期回國的大批留學生構成的中國社會精英階層，對人道主義思想的接受和表現，已經是水到渠成〔註6〕。

〔註 6〕 譬如，最明顯的例證就是吳永剛編導的左翼影片《神女》（阮玲玉主演，聯華影業公司 1934 年出品），表現出對弱勢群體當中的弱勢群體──性工作者的強烈的人道同情和人格尊重。

在舊市民電影中，女性形象往往不能夠擺脫從道德上和人格上被批判、被譴責和被否定的狀況。譬如根據法國莫泊桑的小說《項鏈》改編的舊市民電影《一串珍珠》（長城畫片公司 1925 年出品），把悲劇的根源歸咎於「女子愛慕虛榮」，女主人公最終以痛改前非完成其道德救贖。而作為左翼電影，《野玫瑰》中的女主人公小鳳由於出身貧寒，她的社會低層地位反而賦予她天然的道德優勢：

在個人品質上，女主人公崇尚自由、忠實於愛情，而她的戀人江波由於出身富有，所以不能衝破世俗束縛，在心理上存在著始亂終棄的傳統男性愛情基因；弱勢群體或曰無產階級的社會底層屬性，使得女主人公在政治性、革命性上有著天然的自覺性和先鋒性，她在遊行隊伍中對江波的召喚和鼓勵，與其表明江波對愛情的回應，不如說是表現了女主人公所處的先進階級對落後階級及其成員的啓發、引導、教育和改造。這種人物階級性與道德品質和政治屬性之間的必然聯繫，無疑是左翼電影不同於舊電影的新元素，也構成後來經典左翼電影（譬如《風雲兒女》）的模式基礎。

 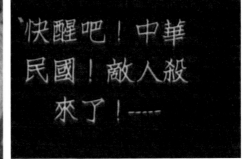

戊、結語

之所以說《野玫瑰》不是完全意義上的左翼電影（或曰經典左翼電影）的範疇，是因為它的批判性相對而言不是鮮明的和深刻的，但作為早期左翼作品，影片的左翼精神，譬如對當下社會現實的關注和直接反映正是亮點所在。在 1932 年，面對國家和社會劇烈動蕩、危機四伏的現實境況，《野玫瑰》的宣傳和鼓動有著鮮明的政治指向性。影片結尾，鮮明的字幕出現「國難」和「救國」；男女主人公在遊行隊伍中熱烈相會重逢這部分，完全可以當作一個新聞紀錄短片來看：「中國人要醒醒啊，你們要是不醒過來，就要亡國了」，如何能夠救國呢？參加（抗日救國的）義勇軍。這就是面對強權政治的不同

政見表達，這是針對獨裁政府打壓民意的激烈反抗，這是理直氣壯的意識形態的鼓動和宣傳。如果把這些去掉就不成其為左翼電影，或者就沒有左翼色彩可言了。

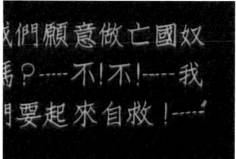

《野玫瑰》公映後反響熱烈，其標誌之一就是新星王人美的躥紅，對於「聯華」公司而言，這意味著在金焰和阮玲玉的黃金組合之外，又擁有了金焰和王人美的新金童玉女品牌。同時，《野玫瑰》的成功，也是觀眾和市場對1930年代新電影——左翼電影出現的實際肯定，更是對《野玫瑰》所流露的在野政治勢力和公眾輿論共同呼聲的社會性回應〔註7〕。

己、多餘的話

子、《野玫瑰》結尾的處理方式，如果換做是舊市民電影，要麼是女主人公幸福地依偎在男方懷中、天遂人願（譬如大中華百合影片公司1928年出品的《情海重吻》），要麼就是一雙男女恨恨分手、生離死別（譬如聯華影業公司1931年出品的《桃花泣血記》和《銀漢雙星》）。

然後黑屏。

〔註7〕 本章最初以現在這個標題發表於2008年11月出版的《文學評論叢刊》第11卷第1期（南京，季刊），收入《黑白膠片的文化時態——1922～1936年中國早期電影現存文本讀解》（上海三聯書店2009年10月第1版）時，列為第10章。現在的閱讀指要是成書版和雜誌版「內容提要」的合成。對《野玫瑰》的討論，2009年後我又有兩篇新稿件，其中一篇的部分內容（約5千字），曾以《寓小我於大我之中——1922～1937的中國左翼電影》為題，發表於2012年2月13日的《人民政協報》（周報，第十一版「文化‧講壇」），其中已將《野玫瑰》修訂認定為具有標準格式的左翼電影，也就是經典左翼電影，而不是本章第一節（《前面的話》）當中所說的「具有左翼色彩的舊市民電影」。對此，本書《引論》中又特別對此予以強調，再次表明了新的觀點。特提請讀者明察。

而《野玫瑰》的結尾卻是浩大的遊行隊伍場面，象徵著革命洪流滾滾向前、勢不可擋。

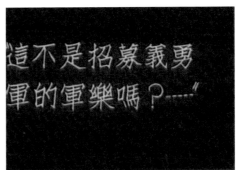

丑、如果把《野玫瑰》剪得短一些，一方面可能會比較好看，另一方面，完全可以給它改一個名，譬如《一個女人獲得新生的故事》。因為，1930年代的左翼電影，在精神實質和藝術模式上都和1949年後中國大陸的電影製作有著緊密的、內在邏輯關係和外在的、政治面貌關聯——譬如東北電影製片廠1950年出品的電影《白毛女》[9]。

初稿時間：2005年3月1日
初稿錄入：呂月華
二稿校改：2007年2月7日
三稿改定：2007年12月7日
校訂配圖：2014年12月17日～19日

參考文獻：

〔1〕程季華，中國電影發展史：第1卷〔M〕，北京：中國電影出版社，1963。

〔2〕錢理群，溫儒敏，吳福輝，中國現代文學三十年（修訂本）〔M〕，北京：北京大學出版社，1998。

〔3〕人民網資料：http://www.people.com.cn/GB/historic/0909/2946.html。

〔4〕解放軍報：http://jczs.sina.com.cn 2006-12-8（06：12）。

〔5〕百度百科：http://baike.baidu.com/view/94451.htm。

〔6〕李少白，影史商榷，電影歷史及理論續集〔M〕，北京：文化藝術出版社，2003：118。

〔7〕魏斐德（Frederic Wakeman,Jr.），上海警察，1927～1937〔M〕，章紅、陳燕、金燕、張曉陽譯，上海古籍出版社，2004：190。

〔8〕酈蘇元，胡菊彬，中國無聲電影史〔M〕，北京，中國電影出版社，1996：330。

〔9〕袁慶豐，政治和藝術示範的標本──超級女聲《白毛女》〔J〕，渤海大學學報，2008（5）：49～57。

〔10〕孫瑜，百度百科，中國當代著名電影導演：http://baike.baidu.com/view/28888.htm。

〔11〕中華蘇維埃共和國，百度百科：http://baike.baidu.com/view/94413.htm。

Wild Rose（1932） — Transition from Traditional Citizen Film to Left-wing Film: One of Analyses on Existing Samples of Chinese Early Left-wing Films

Abstract : As a representative of 1930s' Chinese left-wing films, *Wild Rose* directed by Sun Yu in 1932 isn't a typical left-wing film, but a trial sample of early left-wing films, or a traditional citizen film with strong left-wing style. The value and significance to research *Wild Rose* is to find how the traditional pattern of traditional citizen films, left-wing art ideology and acting pattern affect classical left-wing films in narration schema, moral constraint and theme construction。

Key words: left-wing; left-wing style; left-wing literature; left-wing film; traditional citizen film;

第貳章　暴力意識的政治性轉化和暴力模式的初步建立及其歷史傳承
——《火山情血》（1932 年）：早期左翼電影樣本讀解之二

閱讀指要：

　　早期左翼電影在借助舊市民電影傳統的愛情主題、故事框架和敘述模式的同時，基本上已經具備了相對完整的、激進的左翼思想和革命立場，以及相應的左翼電影模式；值得特別注意的是，孫瑜編導的《火山情血》將舊市民電影中一直旺盛活躍的個體性暴力基因移植到影片當中，在為以後完全意義上的左翼電影鋪設架構了階級暴力意識和暴力革命模式的同時，又為 1949 年以後大陸電影的階級革命和革命暴力模式奠定了基礎。

關鍵詞：早期左翼電影；暴力；政治血統；傳統再造；性侵犯；

專業鏈接 1：《火山情血》（故事片，黑白，無聲），聯華影業公司 1932 年出品。

　　VCD（雙碟），時長 95 分 41 秒。

　　>>> **編劇、導演**：孫瑜；**攝影**：周克。

　　>>> **主演**：黎莉莉、鄭君里、談瑛、湯天繡、袁叢美。

專業鏈接 2：原片片頭字幕及演職員表字幕（標點符號爲錄入者添加）

　　《火山情血》。

　　監製：羅明祐；製片主任：陸涵章；攝影：周克；布景：方沛霖。

　　演員表：

　　　　柳花——黎莉莉，

　　　　宋珂——鄭君里，

　　　　宋妹——談瑛，

　　　　張寡婦——湯天繡，

　　　　老王——劉繼群，

　　　　曹人傑——袁叢美，

　　　　宋弟——錢鏜，

　　　　宋翁——時覺非，

　　　　拳術家——高威廉，

　　　　□□□——□□□。

　　編劇、導演：孫瑜。

專業鏈接 3：鏡頭統計

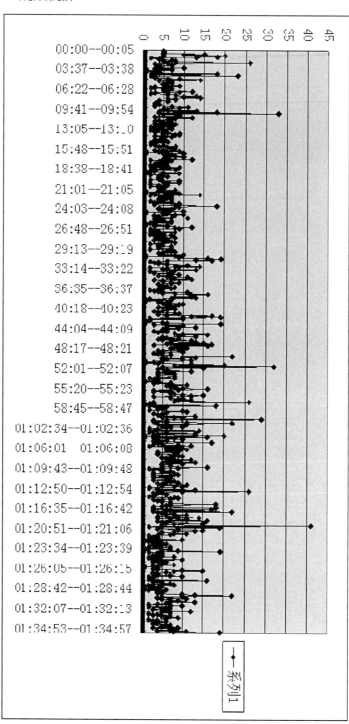

說明：《火山情血》全片時長 95 分 16 秒，共 874 個鏡頭。其中：

甲、小於和等於 5 秒的鏡頭 431 個，大於 5 秒、小於和等於 10 秒的鏡頭 336 個，大於 10 秒、小於和等於 15 秒的鏡頭 65 個，大於 15 秒、小於和等於 20 秒的鏡頭 30 個，大於 20 秒、小於和等於 25 秒的鏡頭 5 個，大於 25 秒、小於和等於 30 秒的鏡頭 4 個，大於 30 秒、小於和等於 35 秒的鏡頭 2 個，大於 35 秒、小於和等於 40 秒的鏡頭 0 個，大於 40 秒、小於和等於 45 秒的鏡頭 1 個。

乙、片頭鏡頭 8 個，片尾鏡頭 0 個；字幕鏡頭 112 個，其中交代劇情的鏡頭 4 個，交代人物鏡頭 0 個，對話鏡頭 108 個。

丙、固定鏡頭 698 個，運動鏡頭 53 個。

丁、遠景鏡頭 23 個，全景鏡頭 239 個，中景鏡頭 164 個，近景鏡頭 279 個，特寫鏡頭 42 個。

（數據統計與圖表製作：劉曉琳，核實：李泉雄）

專業鏈接 4：影片觀賞推薦指數：★★☆☆☆

甲、前面的話

1932 年，孫瑜爲聯華影業公司拍攝了大受市場歡迎的《野玫瑰》後，同年又編導推出了《火山情血》。大陸對中國左翼電影的研究，一般都保留了左翼電影運動主創和領導者們的一個權威性結論，那就是認爲左翼電影興起於 1933 年〔註1〕；因此，在 1963 年出版的一本影響至今的中國電影史著作當中，雖然把《火山情血》歸爲進步性影片行列，但同時也指出它「具有進步的局限性」[1]。

〔註1〕　參見陽翰笙：《左翼電影運動的若干歷史經驗》（《中國電影年鑑 1983 年》）、夏衍：《新的跋涉》（原載《中國新文學大系》第十七集・電影集一，上海文藝出版社 1984 年版），轉引自《中國左翼電影運動》（陳播主編，中國電影出版社 1993 年版）《代序一》，第 1 頁，《代序二》，第 9 頁。

在我看來，如果將 1933 年之後（包括 1933 年在內）出現的左翼電影稱為完全意義上的左翼電影或曰經典左翼電影，那麼，1932 年的《野玫瑰》和《火山情血》就屬於早期左翼電影，或曰具有強烈左翼色彩的影片。它們的特點是在借助舊市民電影傳統的愛情主題、故事框架和敘述模式的基礎上，或多或少地顯露出激進的左翼思想、立場以及相應的左翼電影模式。不同之處在於，《野玫瑰》在確立女主人公由於出身社會底層，從而具有天然道德優勢和政治覺悟優先模式的同時，側重具有當下效應的政治鼓動和宣傳。而《火山情血》則在此基礎上，將舊市民電影中一直旺盛活躍的個體性暴力基因移植到影片當中，在完成為以後完全意義上的左翼電影架構階級暴力意識和暴力革命模式的同時，又為 1949 年以後大陸電影的階級革命和革命暴力模式奠定了歷史性基礎。

乙、《火山情血》：強烈的左翼電影色彩及其表現

《火山情血》的左翼色彩，首先體現在它的反強權方面，表現出對現實社會政治環境和生存環境的否定和批判。影片前三分之一的故事背景放置在北洋軍閥統治時期，這是許多 1930 年代電影願意選取的時代背景，譬如《孤城烈女》（又名《泣殘紅》，聯華影業公司 1936 年出品），本來是改編自法國作家莫泊桑（1850～1893）發表於 1880 年的短篇小說《羊脂球》。在以往的電影史研究中往往被忽略這個問題，但這類時代背景的設置是有歷史緣由的。

1911 年的辛亥革命推翻了滿清帝國，1912 年正式建立中華民國。中華民國的實際權力由前清大臣、現代軍閥首領袁世凱以總統身份掌握。1916 年袁世凱死後，中央政府政權被其培植的北洋軍閥勢力所把持，而全國各地則分

別由各個武裝勢力和黨派分割佔據。直到 1927 年，廣州國民政府在國民黨和
共產黨聯合領導下北伐，結束了軍閥割據和統治執掌中央政府的局面。長達
十幾年的軍閥統治和現代民主政治存在著根本性的對立和衝突，這是當時許
多電影把故事背景設置爲軍閥割據時期的一個直接原因。

　　另一個原因更值得關注，左翼電影有著一個最直接的政治目的：用這個
時代背景隱射和抨擊已經建立和逐步穩固的新的強權政體——1927 年北伐勝
利後，國民黨驅逐和剿殺共產黨及其武裝，以蔣介石爲領袖的國民黨建立的
南京國民政府，推行一黨獨裁和黨國一體的專制體制。因此，《火山情血》當
中，主人公宋珂的身份認定和標明就有了特定的政治涵義。

　　宋珂（鄭君里扮演）出身於中國社會底層的農民階級，在遭受軍閥劣紳
的迫害後，逃出去做了碼頭工人——換言之，影片主人公的階級屬性是農民
階級和工人階級，而這兩個階級恰恰是 1930 年代左翼電影，以及 1949 年以
後大陸電影中得到肯定的無產階級和革命階級身份認定——雖然宋珂的工人
階級形象，在影片中被他個人復仇者的形象所掩抑，但卻是工人階級成爲當
時新生政治力量之一的藝術表現。此外，正如片名《火山情血》所顯示的，
血，意味著你死我活的對立性鬥爭；火山，意味著群體性的、時代性的、大
眾性的暴力革命。而這一點，都是 1930 年代的左翼電影和 1949 年後大陸電
影共同具有的左翼政治血統——強調階級鬥爭和階級暴力。

　　其次，作爲影片中兩個主要女性人物之一宋珂妹妹的形象，也具有強
烈的現實性和象徵性。宋珂妹妹（談瑛扮演）出身於農村社會底層，眾所
周知，農民階級本身已經是中國社會的下層，而農村女性又是下層中的下
層。宋妹被搶掠的遭遇和最終的死亡，完全可以理解爲強權政治下的弱女

子的集體命運和共同結局。因爲，一個社會的進步與否，首先體現在女性身上。對於宋妹來說，女性最高的價值體現是她的肉身貞潔，而她的反抗，是以喪失生命爲代價和手段的，而這也是左翼電影的一個顯著的特徵：通過對性權利的暴力剝奪和重新擁有，來檢驗和評價影片和人物是否具有革命性和暴力正義性。既然對宋妹性權利的剝奪是強權政治非正義的行爲，那麼，宋珂的暴力就擁有了合法性和正義性。雖然在《火山情血》中還僅僅體現爲宋珂的個體性暴力——這可能也是影片被指出有「局限性」的原因之一。

再次，農村生活和風物的展示。左翼電影的特徵之一就是對中國底層社會和農村生活狀態的展示和關注。就這一點而言，《火山情血》的前三分之一和 1933 年的所謂的左翼電影《春蠶》（明星影片公司出品）有得一比。但是《春蠶》太拘泥於原著，而且只表現出農村生活過於紀實和呆板的一面，雖然主題正確但藝術表現力相對低下（影片極其沉悶）。而《火山情血》對於農村社會及其生活的展示，一方面是有意爲之的，另一方面也顯現出編導的創造力和想像力，這是它高於《春蠶》一籌的地方。

就農村風物的展示而言，今天的人們看上去更感慨良多，因爲它所展示的是已經基本全然消失的歷史圖景。譬如宋家老小在田裏耕作、踩水車和插秧的景象，還特別給出一個「小羊跪乳」以及家族上墳祭拜祖先和天地的幾組鏡頭。當然，這並不是《火山情血》的主旨，但是這些鏡頭無意中表現出 1930 年代中國社會最強烈的哲學傳統與人文特徵，那就是具有濃重本土宗教色彩「天人合一」的生存理念。而如此景象和如此用心，在後來完全意義上的左翼電影中越來越被淡化乃至人爲屏蔽。

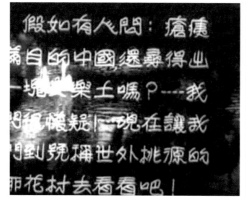

丙、《火山情血》在左翼電影歷史演變中的意義和中國電影傳統的歷史軌迹

在我的表述體系中，左翼電影有它的開始和早期階段，也有高潮、合流、演變、轉型和終結時期；其後還有 1949 年後大陸電影的新的承接和發揚時期。

子、作為新電影的左翼電影

左翼電影或者帶有左翼色彩的電影在 1930 年代初期的出現，豐富了中國電影的表現形態，開啓了中國電影多元化的局面。但是這種豐富、開啓是基於左翼電影在歷史語境和事實上的非純潔性和非單一性的基礎上──這一點是以往的研究者容易忽略的。以往的研究者在講到左翼電影時，往往只強調它進步、反封建，反強權，或者直接爲新興政黨──共產黨的政治服務和意識形態宣傳的一面。其實，左翼電影的本質，從它出現之日起就並非如此的單一和同質。

首先，就現存的、公衆可以看到的 1930 年代左翼電影、尤其是就《火山情血》而言，你會發現，影片當中融合了多種時代元素和電影表現形式。譬如，此片四分之三篇幅是放在城市背景──影片中虛擬了一個與主人公家鄉桃花塢相對的海外花花世界，編導是讓你把那個「海外世界」理解爲南洋都市，其實觀衆和編導都能明白，所謂海外世界就是以上海爲代表的中國繁華都市──也就是說，城市背景和城市題材在左翼電影當中佔據著一個重要的地位。這是因爲，左翼電影在 1930 年代初期剛剛開始時期就是另類的、前衛的、現代的、革命的，它區別於舊市民電影的一點，就是題材的社會化和現代化，而這些恰恰又是觀衆要看到的、市場和時代所需求的，因爲它包含著新的故事、新的人物和新的時代躍動與精神風貌。

其次，大量的舊市民電影的構成元素和表現方式在《火山情血》中所在多見。譬如，影片中另一個主要女性形象、女主人公柳花（黎莉莉扮演），她以椰林酒店（酒吧）舞女身份，與男主人公激情四射的感情戲，尤其是大篇幅的豔舞表演、風情展示等等，很容易讓人判斷出這是市民電影慣常使用組合元素──更不要說，影片借助復仇主題，賣力地夾雜大段的打鬥場面（男主人公與對手從赤手空拳到刀槍相見，最後將仇人推入爆發在即的火山等等）。如果從這個角度來看，可以發現，所謂的色情，兇殺、驚悚元素在《火山情血》當中無不具備。這是因為，左翼電影出現之前的舊市民電影，其唯一的市場考覈指標就是票房，作為市民文化消費的產物，當時的電影，「不僅是一門綜合藝術，還是一個文化產業。它要靠票房的贏餘，靠資金的回籠，才有再生產的條件，否則電影公司只好關門大吉」[2]。早期左翼電影和後來的、完全意義上的左翼電影，同樣也受制於文化消費市場的經濟指標制約[3]。

丑、傳統、演變與整合

首先，所謂的傳統，是指左翼電影的反強權和暴力反抗的特徵。影片背景表面上是軍閥割據時期，實際上指的是當時執政黨黨國一體的強權政治和社會體制；對暴力的肯定、強調和張揚，實際上是新生政治力量、新生階級（即農民與工人階級）和共產主義思想及其行為意識的藝術體現。從這點來看，以往的電影史評判多少顯得短見。因為群體的暴力或曰階級的暴力，往往是基於個體暴力意識的培養、發揚和強大之上的。中國古典小說《水滸傳》就是很好的例證：108條好漢（和豪放女子）大多都有一段暴力反抗體制的光榮歷史和資深背景，最終，他們在一個山頭上形成一個強大的武裝暴力集團，公開和整個國家機器對抗。

其次，所謂的演變與整合，指的是左翼電影從出現到後來的發展是有階段性的，而並非一成不變的；在左翼電影的高峰時期，出現了與之同樣影響巨大的新市民電影。譬如就現存的、公眾可以看到的影片來看，聯華影業公司 1932 年出品的《野玫瑰》和《火山情血》屬於早期左翼作品；而在 1933 年，「聯華」的《母性之光》和月明影片公司的《惡鄰》就代表著的左翼電影高潮或曰完全意義上的左翼電影的出現。

與此同時，1933 年有聲片《姊妹花》（明星影片公司出品）的出現，標誌著同樣面對市場、同樣脫胎於舊市民電影、但吸收了左翼思想元素的新市民電影的生成；1934 年和 1935 年，處於巔峰位置的經典左翼電影出現，無聲片的代表是「聯華」的《神女》，有聲片是電通影片公司出品的《桃李劫》和《風雲兒女》；到了 1936 年，左翼電影基本為當年聲勢浩大的國防電影（運動）所吸收整合，譬如《狼山喋血記》（聯華影業公司 1936 年出品）和《壯志淩雲》（新華影業公司 1936 年出品）。

在 7 月 7 日（「七·七事變」）全面抗戰爆發之前的 1937 年，左翼電影事實上已經消失，新市民電影成為中國主流電影的唯一代表，譬如明星影片公司當年出品的《馬路天使》和《十字街頭》。從 1937 年 7 月抗戰爆發一直到 1945 年日本戰敗投降，處於抗戰時期特殊階段的中國電影，實際上又回到了 1930 年代初期左翼電影和新市民電影出現的起點，中國電影的歷史性發展被戰爭完全中斷。1945 年到 1949 年，是左翼電影和新市民電影試圖各自恢復影響和市場佔有的一個時期，但顯然，新市民電影佔了上風，例證就是崑崙影業公司 1947 年出品的《八千里路雲和月》與《一江春水向東流》；而左翼電影只留下一個另類、前衛的單一品質，它的結晶就是費穆導演的《小城之春》（文華影業公司 1948 年出品）。

隨著1949年中華人民共和國的成立，國共兩黨隔岸而治，擁有歷史正統地位之一的新市民電影追隨國民黨政權敗退大陸、孤守臺灣；左翼電影則依憑意識形態優先的政治血統，在原生態品質被大量剔除和改變的前提下，被有條件地整合進大陸意識形態話語體系及其電影製作和藝術創作模式當中，並不斷被單一深化和延續至今，在相當長的時期內歷史性的存在、運轉，發揮著強大的政宣教化功能〔註2〕。

丙、《火山情血》與左翼電影的歷史傳統再造

1949年後的中國大陸電影製作及其模式，隨著政權逐步穩定，同時局限地繼承和發揚了左翼電影的某些傳統特質，並在意識形態掌控和絕對主導下的、廣泛深入的藝術實踐中形成傳統再造。限於個案研討的體例和篇幅約束，在這裡我只稍加指認。譬如：

子、反強權特徵

《火山情血》中強權勢力的代表，是以土豪劣紳為代表的地主階級、以有錢人為代表的資產階級。1949年以後的大陸電影在此基礎上，更直接指向被推翻的國民黨政權以及在政治、經濟、文化、軍事、尤其是意識形態上完全敵對的西方列強，譬如以日本和美國為代表幾乎所有西方國家，（1960年代中蘇關係破裂後，敵對陣營中又加上蘇聯）——當然，如果是古代題材的話，那麼它就指向封建皇權和地主階級。

〔註2〕 而這一點在1949年以後的大陸電影中已經逐漸喪失，取而代之教化宣傳的人工景觀設置，譬如《青松嶺》（長春電影製片廠1965年攝製）。對左翼電影內在精神的再度繼承和恢復，恐怕要算到第六代導演這裡，譬如姜文導演的《鬼子來了》（2000年）、王超編導的《安陽嬰兒》（2001年）和《日日夜夜》（2004年），以及李楊編導的《盲井》（2002年）等作品。

丑、階級性的強調和繼承、發揚

在經典左翼電影中，一定有一個被肯定的和高度讚揚的階級或階層，譬如無產階級所涵蓋的農民階級和工人階級：《火山情血》中的男女主人公就是出身工農。1949 年後，這種階級性的強調表現為「工農兵」的稱謂。而在左翼電影中同時被肯定和讚揚的知識分子和知識階層，在 1949 年以後的大陸電影當中成為一個被批判、教育、改造、否定的對象，到了 1966～1976 年的文化大革命時期更是達到一種巔峰狀態，成為僅比乞丐高一個身段的「臭老九」（中國傳統社會對群體階層的劃分有「九儒十丐」之說）。

寅、暴力模式的全面覆蓋

1949 年以後大陸電影將左翼電影中的暴力意識和暴力反抗的模式全盤繼承，只不過，在左翼電影發展的歷史過程中，有一個從個體到群體的過渡。譬如《火山情血》強調了男主人公的個體反抗，到了《風雲兒女》就體現出一種群體暴力的傾向，主人公最後要投入到一個武裝集團當中。1949 年以後，所有的暴力表現都被容納到群體的、階級的、革命的暴力當中。換言之，個體暴力只是群體和階級暴力的必要和準備階段，必然要被後者容納和統一。譬如《白毛女》（東北電影製片廠 1950 年攝製），主人公王大春和《火山情血》中的宋珂一樣是要報他的血海深仇，只不過宋珂走的是個人復仇路線，始終單打獨鬥，而王大春則是投奔本階級的武裝集團，被共產黨領導下的武裝力量（八路軍）所接納。

卯、對女性性侵犯及其反抗模式的繼承改造

在《火山情血》當中，可以看到宋珂的妹妹對於強權政治下的性侵犯的反抗，是以死保全她的貞潔。然而在《白毛女》當中，女主人公喜兒再也不

用以犧牲自己的生命為最高的反抗形式，反而是要極力保全自己的生命加入到群體反抗的暴力革命之中。譬如只有戀人王大春在黨指示下回來接管政權後，白毛女才得以公開殺死仇人、報仇雪恨。1950 年的《白毛女》甚至在情節設置上都有繼承《火山情血》的地方，譬如惡霸和劣紳都是路上偶然遇到端莊秀美的女主人公才起了壞心、把人搶走並實施性侵犯〔註3〕。

戊、結語

1930 年代的左翼電影、尤其是 1932 年的《火山情血》，和 1949 年後的大陸電影《白毛女》相比，就其主題而言，似乎都可以歸納為一個反對封建迷信的意識形態範疇。譬如在《火山情血》中，宋氏一家燒香禱告老天爺給他們帶來好運，但是最後的悲慘命運使他們自己否定了老天（命運）的不公；而《白毛女》中的反封建意識則顯得更加醇厚，喜兒自身的悲慘遭遇使她自己意識到神仙靠不住，就是把自己變成白毛仙姑也不能報仇雪恨。在這點上，二者倒是驚人的一致——只不過，階級仇恨的最終解決，《火山情血》是行使個人暴力，《白毛女》是依靠階級暴力〔4〕。

己、多餘的話

子、現在再看 1932 年的《火山情血》，真讓人感慨良多。譬如影片中的宋珂的妹妹之所以以死反抗軍閥的搶奪和侵犯，原因就是不願意做大人物的四姨太太，聯想大陸 1990 年代熱映的《大紅燈籠高高掛》（中國電影合作製

〔註3〕 到了 1960 年代，大陸電影中女主人公受到性侵犯的情節和痕迹已被悄然抹去，女主人公對於強權政治和男性性侵犯的反抗被階級仇恨和階級反抗所取代。最有代表性的就是電影《紅色娘子軍》（上海天馬電影製片廠 1961 年攝製），沒有幾個人還能看出南霸天對吳瓊花的性侵犯事實〔5〕。

片公司 1992 出品），女主人公處心積慮要謀取的就是坐穩四姨太的位置：一個是以死抗爭，一個是屈身承歡。時代變遷，天壤有別。

　　丑、我看的《火山情血》VCD 版，不屬於大陸市面上公開發行的「俏佳人」（廣州俏佳人文化傳播有限公司總經銷）系列，但我不認為會影響讀解對象的內在品質。因此如果給《火山情血》配上色彩、有聲對白和音樂的話，就是一個典型的、在 1980 年代進入大陸市場的香港電影，譬如熱辣的豔舞場景和火爆的打鬥場面——從歷史的層面上講，1949 年後的香港電影基本保留了中國市民電影的文化精神、世俗血脈和原生態面貌達幾十年來之久，2000 年後，借助大陸的影視劇市場的有限開放，全面回歸（認祖歸宗）。〔註 4〕

　　　　　　　　　　　初稿時間：2007 年 1 月 4 日
　　　　　　　　　　　初稿錄入：丁珊珊、方捷新
　　　　　　　　　　　二稿校改：2007 年 2 月 8 日
　　　　　　　　　　　三稿改定：2007 年 12 月 8 日
　　　　　　　　　　　校訂配圖：2014 年 12 月 20 日～24 日

〔註 4〕　本章的主體部分曾以《中國早期左翼電影暴力基因的植入及其歷史傳遞——以孫瑜 1932 年編導的〈火山情血〉為例》為題，發表於 2009 年第 5 期《河北師範大學學報》（石家莊，雙月刊）；作為第 11 章收入《黑白膠片的文化時態——1922～1936 年中國早期電影現存文本讀解》時，乙（《火山情血》：強烈的左翼電影色彩及其表現）部分的最後一個自然段被刪除。此外，參考文獻：[2] [3] 所在的段落也是成書版沒有的，現一併補上。特此申明。

參考文獻

〔1〕程季華，中國電影發展史：第 1 卷〔M〕，北京：中國電影出版社，1963：267。

〔2〕范伯群，「電戲」的最初輸入與中國早期影壇──爲中國電影百年紀念而作〔J〕，江蘇大學學報（社會科學版），2005（5）：1～7。

〔3〕袁慶豐，雅、俗文化互滲背景下的《姊妹花》〔J〕，當代電影，2008（5）：88～90。

〔4〕袁慶豐，政治和藝術示範的標本──超級女聲《白毛女》〔J〕，渤海大學學報，2008（5）：49～57。

〔5〕袁慶豐，愛你沒商量：《紅色娘子軍》──紅色風暴中的愛情傳奇和傳統禁忌〔J〕，渤海大學學報，2008（5）：58～64。

Historical Implanting of Violence in Chinese Early Left-wing Films ---- A Case Study of Blood of Love in 1932

Abstract: On basis of traditional love, fiction and narration, Chinese early left-wing films gradually form their own format, in particular, the film of *Blood of Love* directed by Sun Yu, which integrates the popular individual violence into the film. Thus, the sense and pattern of violent revolution becomes a foundation for the films depicting social class struggle after 1949 in the mainland of China。

Key words: early left-wing film; violence; political tradition; creativity; sexual harassment;

第參章　1930 年代初期舊市民電影向左翼電影轉型過渡的新證據——以史東山編導的《奮鬥》（1932 年）為例

閱讀指要：

　　從《奮鬥》合二為一的主題與始終如一的階級性，以及舊市民電影情色、暴力元素與左翼電影的對應關係可以看出，影片的前 54 分鐘完全是舊市民電影的體格，後 30 分鐘則是左翼電影雛形的生硬添加，這樣做的目的為的是迎合市場需求。北京中國電影資料館 2012 年年底向民眾公映的《奮鬥》再次證明，1932 年是中國電影史上新、舊電影的交替之年，即舊市民電影開始全面被左翼電影覆蓋和取代的時段；史東山編導的《奮鬥》，是一部舊市民電影向左翼電影強行轉型的過渡性文本。

關鍵詞：舊市民電影；左翼電影；《奮鬥》；史東山；過渡性文本；

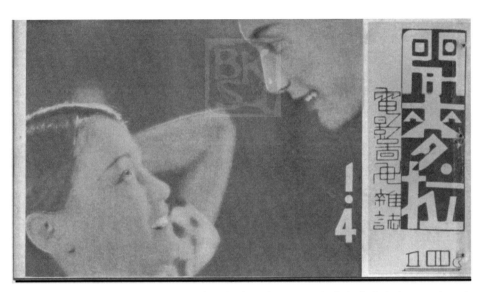

《開麥拉電影圖畫雜誌》（1932年第1卷第4期）上刊登的陳燕燕和鄭君里的照片

專業鏈接1：《奮鬥》（故事片，黑白，無聲），聯華影業公司1932年出品。中
　　　　　國電影資料館（北京）館藏影片，（殘片）時長：約85分鐘。
　　　　　》》》 **編劇、導演**：史東山；**攝影**：周克。
　　　　　》》》 **主演**：陳燕燕、鄭君里、袁叢美、劉繼群。

專業鏈接2：演員與飾演人物表
　　　　　陳燕燕（飾演電氣廠工頭焦大毛的乾女兒燕姑）、
　　　　　鄭君里（飾演電氣廠工頭小鄭）、
　　　　　袁叢美（飾演電氣廠工人小袁）、
　　　　　劉繼群（飾演小學教員劉天教）〔註1〕。

〔註1〕我在現場看到的影片修復版片頭缺失，沒有演職員表等影片原有信息，此表
　　　是根據我個人的辨識和相關資料補充編就的。

專業鏈接 3：影片鏡頭統計

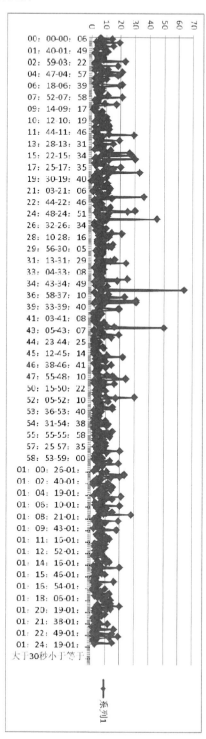

說明：《奮鬥》殘片時長約 85 分鐘，共 677 個鏡頭。其中：

甲、小於和等於 5 秒的鏡頭 325 個，大於 5 秒、小於或等於 10 秒的鏡頭 212 個，大於 10 秒、小於或等於 15 秒的鏡頭 83 個，大於 15 秒、小於或等於 20 秒的鏡頭 28 個，大於 20 秒、小於或等於 25 秒的鏡頭 15 個，大於 25 秒、小於或等於 30 秒的鏡頭 7 個，大於 30 秒小於 35 秒的鏡頭 3 個，大於 35 秒、小於 40 秒的鏡頭 1 個，大於 40 秒、小於和等於 45 秒的鏡頭 1 個，大於 45 秒、小於和等於 50 秒的鏡頭 0 個，大於 50 秒、小於和等於 55 秒的鏡頭 0 個，大於 55 秒、小於和等於 60 秒的鏡頭 0 個，大於 60 秒、小於和等於 65 秒的鏡頭 1 個，大於 65 秒、小於和等於 70 秒的鏡頭 0 個，大於 75 秒、小於和等於 80 秒的鏡頭 1 個，大於 80 秒的鏡頭 0 個。

乙、片頭鏡頭 0 個，片尾鏡頭 0 個；字幕鏡頭 106 個，其中交代劇情的鏡頭 6 個，人物介紹鏡頭 0 個，對話鏡頭 100 個。

丙、固定鏡頭 549 個，運動鏡頭 22 個。

丁、大遠景鏡頭 1 個，遠景鏡頭 75 個，全景鏡頭 101 個，中景鏡頭 143 個，中近景鏡頭 34 個，近景鏡頭 163 個，特寫鏡頭 54 個。

（數據統計、圖表製作與覆核：李棗雄）

專業鏈接 4：影片觀賞推薦指數：★☆☆☆☆

原圖片文字：聯華新片「奮鬥」陳燕燕鄭君里最精彩一幕。原載《開麥拉》1932 年第 160 期第 1 頁

甲、重新「出土」的《奮鬥》

幾年前，中國電影藝術研究中心的專業人士就曾公開表示，「中國電影資料館現存的 1949 年前的中國電影應該在 380～390 部左右」，但目前公眾能夠看到的「只有二白多部……也就是說，加上殘缺不全的和不能放映的，至少還有 100 部以上的電影可以挖掘」公映〔註2〕。為此，業內學者一再呼籲「資料開放，資源共享！」〔註3〕也許是出於回應，2012 年 11 月 14 日，共處北京小西天辦公的中國電影藝術研究中心和中國電影資料館，售票公映了史東山 1932 年編導的《奮鬥》（殘片）。

對於《奮鬥》，當年專業人士的評價之一是：「這《奮鬥》力量遠不如《火山情血》，美麗遠不如《粉紅色的夢》，刺激遠不如《續故都春夢》，技巧遠不如《人道》，而故事的結構還遠不如史先生舊時的作品《恒娘》。//是平凡的三角戀愛的描寫。不過史先生編製得較為巧妙些：讓兩個工人做了三角戀愛的男主人公，讓一個被壓迫的孤女做了女主人公，至於解決三角戀愛的糾紛的方法，史先生也特殊地用了一個較為合時些的義勇軍抗敵的故事，以使小袁捐軀，讓小鄭與燕姑大團圓。此外就沒有什麼特殊意義了」〔註4〕。

評價之二是：「這是一張多麼新興的影片啊。有工廠還有工人農民，又有抵抗侵略的敵人的戰爭，但我卻也就因此而又覺得惋惜，因為在劇情中並不以此為描寫的主題，其主題只就是為愛情而奮鬥的三角戀愛。//《奮鬥》只就是一張逃避現實的影片，不是目下社會所需要的影片。//以戀愛為《奮鬥》的目標

〔註 2〕 饒曙光：《關於深化中國電影史研究的斷想》，載《當代電影》2009 年第 4 期，第 72 頁。
〔註 3〕 酈蘇元：《走近電影，走近歷史》，載《當代電影》2009 年第 4 期，第 63 頁。
〔註 4〕 蘇鳳：《〈奮鬥〉評一》，原載 1932 年 11 月《晨報·每日電影》，轉引自《三十年代中國電影評論文選》，陳播主編，中國電影出版社 1993 年版，第 216 頁。

的劇旨，不能不說是對青年和國民們的腦筋中，注射進麻醉的藥劑〔註5〕。

　　4年之後的1936年，有評論者注意到：「史東山的《奮鬥》無論如何是從閒情逸致的粉紅色的羅曼斯中接觸了現實的社會問題了。然而這並不是成熟的作品，只是作為他個人轉向的起點。//以《恒娘》為終點，可以作為他前期作品的殿軍，而《奮鬥》便是他接受新的洗禮的開始。可是他以喬皇的布景作為場面的炫耀，精緻細膩的描寫人物的姿態，俏皮兒略帶刻薄的漫畫男女間的私情，這個性和風格，仍然繼續保持著而且是發揚光大」〔註6〕。

　　1949年以後，大陸研究界對《奮鬥》的評論，當以1963年出版的表達官方意志的《中國電影發展史》為代表，認為「影片雖然表現了作者在『一‧二八』後被抗日運動激起的一些愛國熱情，但是滲透整個影片的，仍不出那種三角戀愛的老套，主人公的出獄參加抗戰，只是作者硬加上的，根本沒有接觸到抗日現實」〔註7〕；而「1933年左翼電影運動的高漲，都給予了史東山以一定的進步的影響，他的參加拍攝《共赴國難》和在《奮鬥》裏安排抗日的結尾，都已反映出了他的愛國思想和願望」〔註8〕。

〔註5〕　常人：《〈奮鬥〉評二》，原載1932年11月《晨報‧每日電影》，轉引自《三十年代中國電影評論文選》，陳播主編，中國電影出版社1993年版，第217頁。

〔註6〕　凌鶴：《世界名導演評傳（中國之部）》，原載《中華圖畫雜誌》1936年42、43、44、45期，轉引自《中國無聲電影3》，中國電影資料館編，中國電影出版社1996年版，1270頁。

〔註7〕　《中國電影發展史》，第一卷，程季華主編，中國電影出版社1963年版，第249頁。

〔註8〕　《中國電影發展史》，第一卷，程季華主編，中國電影出版社1963年版，第365頁。這個結論是否站得住腳姑且不論，論述者的時間觀念就有問題：按照《中國電影發展史》的說法，《奮鬥》是受到1933年的左翼電影的影響，但問題是，《奮鬥》是1932年出品的。因此，如果反過來說，道理才能成立。

又過了 30 年的 1993 年，當年左翼電影運動的代表（也是後來新中國電影主管領導之一），在回顧中國左翼電影運動時，將史東山的《奮鬥》（以及《人之初》）列入「進步的影片」名單，與孫瑜的《小玩意》《大路》，蔡楚生的《共赴國難》《都會的早晨》和吳永剛的《神女》等影片並列〔註9〕。再過了 3 年，研究者指出，《奮鬥》「具有明顯的左翼傾向」，「該片的內容和形式，也反映了史東山在藝術觀上的變化」〔註10〕。2000 年前後的研究，要麼只提及《奮鬥》「反映青年在民族危難之際，消弭私怨，共同奔赴抗戰前線」的一面〔註11〕，要麼只說「史東山轉變以往創作中的『唯美』傾向」後，編導了此片〔註12〕，還有就是說史東山「這個階段的作品比較深刻地觸及了社會問題」〔註13〕。

稍加梳理就會發現，1930 年代對《奮鬥》的評論最靠譜，認為這部影片不過是舊瓶裝新酒即戀愛加抗戰的套路，雖然影片「接觸了現實的社會問題」，但藝術上並不成熟；而從 1960 年代到現在，所有的對這個電影的討論，都是從此出發的，有新意的一點是提到其「明顯的左翼傾向」。從現有的電影文本來看，中國左翼電影的始作俑者和代表人物首推孫瑜；換言之，左翼電影是從孫瑜手中誕生，時間是 1932 年，不是一般人所說的 1933

〔註 9〕 陽翰笙：《代序一：左翼電影運動的若干歷史經驗》，收入《中國左翼電影運動》（陳播主編），中國電影出版社 1993 年版，第 3 頁。

〔註10〕 酈蘇元、胡菊彬：《中國無聲電影史》，中國電影出版社 1996 年版，第 343 頁。

〔註11〕 《上海電影志》第九編，吳貽弓主編，上海社會科學院出版社 1999 年版，第22 頁。

〔註12〕 李道新：《中國電影文化史（1905-2004）》，北京大學出版社 2005 年版，第 177頁。

〔註13〕 《中國電影史》，李少白主編，高等教育出版社 2006 年版，第 87 頁。

年〔註14〕。因此，從現存文本來看，1932年的《奮鬥》顯然只能屬於從舊市民電影向左翼電影轉型的過渡性作品。

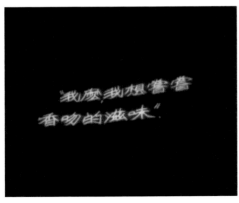 

乙、舊市民電影和左翼電影的形態特徵

　　中國電影歷史研究一直都承認，1930年代初期的中國電影有新、舊之分。當時研究者把新電影稱爲「新興電影」〔註15〕或「復興」的「土著電影」〔註16〕。1949年之後，大陸對新電影只承認或只提及左翼電影〔註17〕而罔顧其他。1990年代以後，則把新電影稱爲「新興電影」（運動）〔註18〕〔註19〕

〔註14〕　對這一問題的詳細討論，請參見如下文章：《中國早期左翼電影暴力基因的植
　　　　　入及其歷史傳遞——以孫瑜1932年編導的〈火山情血〉爲例》，載《河北師
　　　　　範大學學報》2009年第5期（石家莊，雙月刊）；《〈野玫瑰〉：從舊市民電影
　　　　　向左翼電影的過渡——現存中國早期左翼電影樣本讀解之一》，載《文學評論
　　　　　叢刊》第11卷第1期（2008年11月，南京，季刊）；《左翼電影的道德激情、
　　　　　暴力意識和階級意識的體現與宣傳——以聯華影業公司1933年出品的左翼電
　　　　　影〈天明〉爲例》，載《杭州師範大學學報》2008年第2期：以上文章的未刪
　　　　　節版均收入拙著《黑白膠片的文化時態——1922～1936年中國早期電影現存
　　　　　文本讀解》。相關問題也在另一本拙著《黑夜到來之前的中國電影——1937
　　　　　年現存國產影片文本讀解》中多有討論，敬請參閱。
〔註15〕　紫雨：《新的電影字現實諸問題》，原載《晨報》「每日電影」，1932年8月16
　　　　　日版，轉引自《三十年代中國電影評論文選》，陳播主編，中國電影出版社1993
　　　　　年版，第586頁。
〔註16〕　鄭君里：《現代中國電影史略·近代中國藝術發展史》，上海良友圖書印刷公
　　　　　司1936年版，轉引自《中國無聲電影4》，中國電影資料館編，中國電影出版
　　　　　社1996年版，第1385頁。
〔註17〕　《中國電影發展史》，第一卷，程季華主編，中國電影出版社1963年版，第
　　　　　183頁。
〔註18〕　李少白：《中國電影史》，高等教育出版社2006版，第57頁。
〔註19〕　陸弘石、舒曉明：《中國電影史》，文化藝術出版社1998年，第41頁。

〔註20〕，或「新生電影（運動）」〔註21〕。顯然，1990年代以後的大陸電影研究，在恢復舊稱謂和淡化意識形態色彩的同時，同樣不約而同地對其他無心他顧，譬如對新電影出現之前的電影形態沒有更深入地準確定位定性。而從現存的、公眾可以看到的影片文本來看，1932年之前，以左翼電影為代表的新電影出現之前的中國早期電影及其形態，都可以稱之為舊市民電影〔註22〕。

　　換言之，從所謂1905年中國電影誕生到1931年，任何一部影片都可以劃入舊市民電影形態的範疇。《勞工之愛情》（《擲果緣》，1922）、《一串珍珠》（1925）、《西廂記》（1927）、《情海重吻》（1928）、《雪中孤雛》（1929）、《兒子英雄》（《怕老婆》，1929）、《一翦梅》（1931）、《桃花泣血記》（1931）、《銀漢雙星》（1931）……是這樣〔註23〕，近年來剛發現或剛向民眾公映的《海角詩人》（殘片，無聲，民新影片公司1927年出品）、《紅俠》（無聲，友聯影片公司1929年出品）、《女俠白玫瑰》（殘片，無聲，華劇影片公司1929年出品）、《銀幕豔史》（殘片，無聲，明星影片公司1931年出品）、《戀愛與義務》（無

〔註20〕　丁亞平：《影像時代──中國電影簡史》，中國廣播電視出版社2008年版，第51頁。
〔註21〕　李道新：《中國電影文化史》，北京大學出版社2005年版，第145頁。
〔註22〕　對這一問題的詳細討論，請參見如下文章：《1922～1936年中國國產電影之流變──以現存的、公眾可以看到的文本作為實證支撐》，載《學術界》2009年第5期（本文的未刪節版收入拙著《黑白膠片的文化時態──1922～1936年中國早期電影現存文本讀解》）、《20世紀20年代中國電影文化生態的低俗性及其實證讀解》，載《杭州師範大學學報》2009年第4期，《中國現代文學和早期中國電影的文化關聯──以1922～1936年國產電影為例》，載《中國現代文學研究叢刊》2010年第4期（前兩篇文章均收入拙著《黑夜到來之前的中國電影──1937年現存國產影片文本讀解》），敬請參閱。
〔註23〕　對這些影片的個案分析，均收入拙著《黑白膠片的文化時態──1922～1936年中國早期電影現存文本讀解》，敬請參閱。

聲，聯華影業公司1931年出品）等，也不例外〔註24〕。

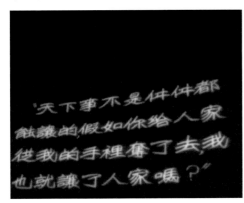 

分析這些影片，大致可以看出舊市民電影如下幾個特徵：

第一，都是「才子佳人」或武俠小說故事的影像版，即基本上都是「鴛鴦蝴蝶派」和「禮拜六派」小說以及通俗小說的膠片影像版。這是因為，舊市民電影的文化和文學取用資源來自於與當時新興的新文化、新文學相對而言的舊文化、舊文學；電影編導基本上是舊式知識分子，譬如包天笑、周瘦鵑等專門負責編劇和寫臺詞，看電影的人，基本上又多是舊小說或通俗文學的擁躉者——這一時期的中國電影與方興未艾的新文學沒有多少市場關聯。

第二，不論故事是悲是喜還是正劇，婚姻、戀愛、家庭、倫理，始終是其不變的主題。譬如《勞工之愛情》（《擲果緣》）講男小販向女小販求愛成功，《一串珍珠》宣揚「妻賢夫禍少」，《西廂記》是重點段落的古戲新拍，《情海重吻》講紅杏出牆又回來，《雪中孤雛》是富少爺救窮美人然後被愛，《兒子英雄》（《怕老婆》）演繹後媽狠毒得出格，《一翦梅》是穿軍裝的青年男女愛情群戲，《桃花泣血記》是少爺下女私奔成婚然後女方死去，《銀漢雙星》講男導演與女演員婚外戀，《海角詩人》講詩人為愛失明但還是能和有情人終成

〔註24〕　我個人這些影片的個案分析題目如次：《新知識分子的舊市民電影創作——新發現的侯曜〈海角詩人〉殘片讀解》（載《浙江傳媒學院學報》2012年第5期）、《舊市民電影的又一新例證——以1929年友聯影片公司出品的武俠片〈紅俠〉為例》（載《浙江傳媒學院學報》2013年第4期）、《中國早期電影中武俠片的情色、打鬥與噱頭、滑稽——以1929年華劇影片公司出品的〈女俠白玫瑰〉為例》（載《文化藝術研究》2013年第4期）、《舊市民電影：1930年代初期行將沒落的中國主流電影特徵——以1931年明星影片公司出品的〈銀幕豔史〉為例》（載《杭州師範大學學報》2014年第5期），以上文章的未刪節版均收入拙著《黑棉襖：民國文化中的舊市民電影——1922～1931年現存中國電影文本讀解》（臺灣花木蘭文化出版社2014年9月版），敬請參閱。

眷屬，《紅俠》是愛情加情色加打鬥，《女俠白玫瑰》是男扮女裝地打，《銀幕豔史》展示二奶自立自強贏得壞男人回頭，《戀愛與義務》告訴你婚外戀不僅害人害己還會害了孩子的婚姻……。

第二，如果說，舊市民電影中的打鬥，到 1920 年代末期被所謂武俠片發揚光大、修成正果，那麼噱頭、鬧劇，永遠都是舊市民電影不可或缺的戲劇元素和市場賣點。(也是 1949 年後香港電影中搞笑的文化基因，是 1990 年代前後「無釐頭」電影的隔代遺傳)。譬如樓上客人們的打鬥，以及接二連三從樓梯上摔下來的橋段，基本上可以看作是《勞工之愛情》的「戲核」所在。那些丑角、白相人和滑稽戲，以及後來興起的武俠片，既是上海地方文化特色的體現，也是本土文化傳統和西方電影對接、交集後的生態產物，是一種低級的市民性文化「娛樂」〔註25〕；或者說，是其通俗性或低俗性的表現。

第四，舊市民電影的文化資源是舊文化和舊文學，但這裡的「舊」，並非意識形態或政治敘事學中錯誤的、或反動的意思，而是和新文化、新文學的新相對而言的文化表現形態。因此，這個「舊」在更多地承接和體現傳統文化的傳統意識的同時，更多地表現出其社會批判立場或政治立場保守性。換言之，舊市民電影是對以往主流價值觀念和社會、文化理念的繼承與宣揚。譬如《桃花泣血記》，富家少爺的母親不許兒子娶佃戶的女兒，這與其說是「門當戶對」婚姻理念的體現，不如說是對社會主流價值觀念的維護。對比一下「五四」新文學作品以及後來的左翼電影就會發現，後者宣揚和鼓勵的自由戀愛，在前者的語境中就是不聽「父母之命、媒妁之言」的「淫奔」。

〔註25〕 范伯群：《「電戲」的最初輸入與中國早期影壇──為中國電影百年紀念而作》，《江蘇大學學報》2005 年第 5 期，第 1～7 頁。

也正因爲如此，舊市民電影政治立場上的保守態度，使得其對社會變革乃至社會革命問題採取一種迴避態度：在1932年之前，它成就了對傳統中國影像化再現的舊市民電影，之後，發展成爲新市民電影。而新、舊兩點的關鍵，是新電影中的左翼電影。

以往的大陸電影史研究，一直都認爲左翼電影出現於1933年，以夏衍爲明星影片公司編劇的《狂流》爲標誌〔註26〕。但從現存的、公眾可以看到的文本來看，左翼電影實際上肇始於1932年，標誌是孫瑜爲聯華影業公司編導的《野玫瑰》和《火山情血》〔註27〕；另一個理由在於，此後可以劃入左翼電影的影片特徵，均源自孫瑜在1932和1933兩年間的創作，或者說，都能從孫瑜的影片中找到模式化的源頭和依據。

左翼電影的第一個主要特徵是階級性。影片中所有的人物都按照階級來劃分性質乃至外貌。譬如有錢人一定是壞人——反面形象，窮人一定是好人——正面形象——反之亦然；窮人一好人——正面形象不僅道德高尚，政治覺悟高，而且男的很帥，女的靚麗，（以至於壞人要去搶她）；有錢人一壞人一反面形

〔註26〕　《中國電影發展史》，第一卷，程季華主編，中國電影出版社1963年版，第203～204頁。

〔註27〕　對這一問題的詳細討論，請參見如下文章：《中國早期左翼電影暴力基因的植入及其歷史傳遞——以孫瑜1932年編導的〈火山情血〉爲例》，載《河北師範大學學報》2009年第5期（石家莊，雙月刊）；《〈野玫瑰〉：從舊市民電影向左翼電影的過渡——現存中國早期左翼電影樣本讀解之一》，載《文學評論叢刊》第11卷第1期（2008年11月，南京，季刊）；《左翼電影的道德激情、暴力意識和階級意識的體現與宣傳——以聯華影業公司1933年出品的左翼電影〈天明〉爲例》，載《杭州師範大學學報》2008年第2期：以上文章的未刪節版均收入拙著《黑白膠片的文化時態——1922～1936年中國早期電影現存文本讀解》。相關問題也在另一本拙著《黑夜到來之前的中國電影——1937年現存國產影片文本讀解》中多有討論，敬請參閱。

象不僅相貌醜陋而且道德敗壞，不僅欺男霸女、魚肉鄉里，而且政治上反動、經濟上盤剝民眾——僅此一點，這是與舊市民電影大相徑庭的一點：譬如無論是《桃花泣血記》還是《雪中孤雛》，英俊的男主人公即地主少爺不僅道德品質無可挑剔，對女性的感情始終忠貞不二。

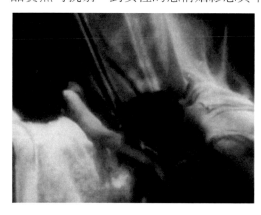

　　左翼電影的第二個主要特徵是暴力性。暴力性有兩個指向，對內指向階級矛盾和階級鬥爭，誰強權強勢、誰是統治階級就反抗誰。譬如《火山情血》，那個富人不僅強搶窮人家的漂亮妹妹還把人給逼死，妹妹的哥哥最後以肉體消滅的形式報了這血海深仇。左翼電影暴力性的第二個指向向外，即反抗民族壓迫、宣傳抗日救國。這一點，一是源於「中央宣傳部」禁止抗日題材影片的攝製〔註28〕，二是由於1931年「九·一八」事變、尤其是1932年「一·二八」事變對國內電影市場的毀滅性打擊：前者意味著東北電影市場的喪失〔註29〕，後者使上海39家影院中的16家被摧毀、30餘間中小製片公司停業，大公司亦難以為繼〔註30〕。左翼電影的暴力性在隨後的1933年表現得更加明顯，譬如聯華影業公司的《小玩意》和月明影片公司的《惡鄰》〔註31〕。

　　左翼電影的第三個主要特徵是宣傳性。左翼電影之所以被人們看作是新電影，原因之一就是有新的人物形象出現，而新的人物形象又是為新思想、

〔註28〕　《中國電影發展史》，第一卷，程季華主編，中國電影出版社1963年版，第292～293頁。

〔註29〕　《中國電影發展史》，第一卷，程季華主編，中國電影出版社1963年版，第181頁。

〔註30〕　《中國電影發展史》，第一卷，程季華主編，中國電影出版社1963年版，第181～182頁。

〔註31〕　對這些影片的個案分析，均收入拙著《黑白膠片的文化時態——1922～1936年中國早期電影現存文本讀解》，敬請參閱。

新理念量身定做的宣傳者或曰傳聲筒。但就1932年的左翼電影而言，影片的故事架構和敘事模式並無新意，因爲基本上是舊市民電影的套路，但其新的人物形象及其傳達的理念，卻是前所未有、令觀眾耳目一新的。譬如《野玫瑰》，身爲富家英俊子弟和貧家美貌女子的男女主人公及其愛情經歷設置，與舊市民電影毫無二致。大有新意的地方在於，是出身低賤的女主人公引導者高居精英階層的男主人公走向抗日宣傳隊伍——不僅拯救者和被拯救者的體位被互換，而且亦將陳述有日、演繹經年的婚姻、戀愛、家庭、倫理主題，置換爲具有鮮明時代精神的「抗日」和「救國」理念。

丙、《奮鬥》：強行向左翼電影轉型的文本特徵

眾所周知，任何新的東西，一定是以舊的東西爲基礎並從中生發而來，1930年代的中國新電影譬如左翼電影也是如此。新電影的出現既是時代的需求，也是市場需求的結果。左翼電影正好滿足了民眾對以往卿卿我我的單一愛情敘事的厭棄和對現實時政信息的即時索取，譬如反抗民族壓迫的抗日救亡理念。史東山的《奮鬥》正是這種合力的結果。

子、合二爲一的主題與始終如一的階級性

就現存的、觀眾能夠看到的面貌而言，《奮鬥》全片（殘片）的時長是84分鐘17秒，而陳燕燕飾演的燕姑，與電氣廠工頭小鄭（鄭君里飾演）和電氣廠工人小袁（袁叢美（飾演）之間的三角戀情故事，就講了足有54分鐘之多——兩個男的爲了燕姑打架，雙雙被關到監獄裏。如果片子到此爲止，（實際上完全可以，只要加上個女主人公表白要癡情等待男主人公的結尾就可以了——實際上影片最後也是如此），那就是一個不擇不扣的舊市民電影。因爲無論男女主角的熱戀還是三角戀，都是舊市民電影熱衷和擅長的主題與題材。

　　問題是，如果眞的如此，那就沒有新電影的氣息了。所以，從第54分鐘開始，後面的30分鐘幾乎就是左翼電影的主題貫穿：兩人因爲打架進了監獄後依然處於敵對狀態；小鄭聽見和看到窗外的宣傳口號和遊行隊伍後提議：「明天我們開釋了，有加入義勇軍殺敵的機會了」。面對小袁的冷漠，小鄭說：「明天我們一起去加入義勇軍，你不去嗎？」面對不變的冷漠，小鄭說：「你不知道我們中國是被欺侮到無可再讓步的地位嗎？」「你這個不長進的東西，只會和自家人打架，聽見要去打敵人的時候，就沒有血氣了」。於是小袁說：「我不承認我是沒有血氣的」，小鄭說：「那麼，你是跟我一起去了？」於是二人熱烈握手。再轉場，就是兩人戎裝在身參軍入伍的景象。至此，抗日救國的主題終於將戀愛主題完全替換。

　　而從階級性上看，《舊鬥》也是完全符合左翼電影的模式。譬如無論是燕姑，還是競爭她的兩個青年，以及那些影片中的配角，都是出身貧苦的工農群眾。這符合窮人—好人—正面形象。雖然小袁一開始想非禮燕姑，有道德不高尚的嫌疑，但他能和小鄭一同響應抗日救國的呼聲並最終戰死沙場，也符合左翼電影正面人物道德高尚、政治覺悟高的模式。至於陳燕燕扮演的燕姑，其靚麗清純的外貌和守身如一的行爲，也與左翼電影意識形態的標尺相配合。

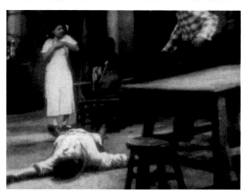

丑、舊市民電影的情色、暴力元素及其與左翼電影的對應

　　舊市民電影有個很有趣的現象，即幾乎所有的談戀愛的故事當中都要安排一場打鬥，或是在城市裏「散打」，譬如《勞工之愛情》中街頭小販和小混混的打鬥，以及樓上吃花酒客人之間的混戰；或是在荒郊野嶺之間的「功夫型」打鬥，譬如《雪中孤雛》當中，男主人公獨自「手辦」（取其字面意思）眾壞人那場戲；或是大張旗鼓、千八百人地開打，譬如《西廂記》中實景拍攝的武戲——這也是影片的看點：看好男人和壞男人爲一個好女人引發大規

模的群架場面。就這個意義上說，舊市民電影中的打鬥、噱頭和鬧劇一體相連並最終引發 1920 年代末期中國武俠電影熱潮的出現。而武俠片，其實是舊市民電影中情色性和暴力性的升級版——《紅俠》就是如此。

 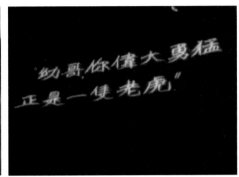

　　《奮鬥》的前 54 分鐘講的是男女戀情：私奔逃婚、男男爭女，這是舊市民電影當中的常項，但《奮鬥》中的三角戀，還有男女三人日夜同居一室的場景。這是被左翼電影繼承了的舊市民電影元素之一，或者說，是舊市民電影所在多見的特色之一，即低俗性〔註 32〕。從現存的、公眾可以看到的影片來說，左翼電影完全承接了舊市民電影的情色性，只不過塗抹上了一層意識形態的保護膜而已。譬如 1935 年的《風雲兒女》，幾乎是這個場景的翻版，唯一不同的是，兩個男青年與同居女青年並非戀愛競爭關係〔註 33〕。

〔註 32〕　我個人這些影片的個案分析題目如次：《新知識分子的舊市民電影創作——新發現的侯曜〈海角詩人〉殘片讀解》（載《浙江傳媒學院學報》2012 年第 5 期）、《舊市民電影的又一新例證——以 1929 年友聯影片公司出品的武俠片〈紅俠〉為例》（載《浙江傳媒學院學報》2013 年第 4 期）、《中國早期電影中武俠片的情色、打鬥與噱頭、滑稽——以 1929 年華劇影片公司出品的〈女俠白玫瑰〉為例》（載《文化藝術研究》2013 年第 4 期）、《舊市民電影：1930 年代初期行將沒落的中國主流電影特徵——以 1931 年明星影片公司出品的〈銀幕豔史〉為例》（載《杭州師範大學學報》2014 年第 5 期），以上文章的未刪節版均收入拙著《黑棉襖：民國文化中的舊市民電影——1922～1931 年現存中國電影文本讀解》（臺灣花木蘭文化出版社 2014 年 9 月版），敬請參閱。

〔註 33〕　對這一問題的詳細討論，請參見如下文章：《1922～1936 年中國國產電影之流變——以現存的、公眾可以看到的文本作為實證支撐》，載《學術界》2009 年第 5 期（本文的未刪節版收入拙著《黑白膠片的文化時態——1922～1936 年中國早期電影現存文本讀解》）、《20 世紀 20 年代中國電影文化生態的低俗性及其實證讀解》，載《杭州師範大學學報》2009 年第 4 期，《中國現代文學和早期中國電影的文化關聯——以 1922～1936 年國產電影為例》，載《中國現代文學研究叢刊》2010 年第 4 期（前兩篇文章均收入拙著《黑夜到來之前的中國電影——1937 年現存國產影片文本讀解》），敬請參閱。

　　《奮鬥》中打鬥佔有相當篇幅，譬如小鄭和小袁當著燕姑的面廝打，還有繼父來找燕姑的時候，眾鄉鄰以為是壞人來搶人，結果從平地一直追打到山上，同樣不惜力氣。為何如此這般打鬥不休？原因很簡單，這本來就是舊市民電影的慣熟套路，觀眾要的就是視覺刺激。譬如《兒子英雄》本來講後媽狠毒的故事，但既安排了後媽姦夫偷盜時的打鬥，更配置了眾鄰里上山追打的群戲。左翼電影中的暴力性，實際上是將舊市民電影中的個體暴力，或曰民間的零星暴力或偶發性事件，對內轉換提升為群體暴力尤其是階級暴力，即階級矛盾和階級壓迫引發的階級鬥爭和階級對立，對外指向反抗民族壓迫和抗日救亡運動。因此，《奮鬥》的後30分鐘就有國軍正面戰場的場景。僅此而言，《奮鬥》的整體性質就發生了本質性轉變，即不再是舊市民電影而是左翼電影，雖說是僅具雛形。

 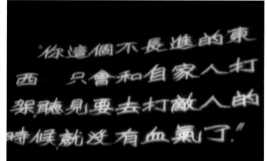

寅、從保守立場向激進立場的強行轉型

　　舊市民電影的婚姻戀愛主題與題材，既始終與它的倫理教化相關聯，也始終與市場的需求相關聯，所以其代表人物鄭正秋才在 1920 年代中期強調說，電影應當在「營業主義上加一點良心」〔註 34〕。這就意味著，舊市民電影始終必須遵循社會主流價值，或者說，維護主流價值觀念並在其框架內平穩運行。即便是改良，也要「抱定一個分三步走的宗旨，第一步不妨迎合社會心理，第二步就是適應社會心理，第三部方才走到提高的路上去」〔註 35〕。

〔註 34〕 鄭正秋：《中國影戲的取材問題》，載《明星特刊》第 2 期《小朋友》號，1925年 6 月 5 日明星影片公司出版，轉引自《中國電影發展史》，第一卷，程季華主編，中國電影出版社 1963 年版，第 63 頁。

〔註 35〕 鄭正秋：《中國影戲的取材問題》，載《明星特刊》第 2 期《小朋友》號，1925年 6 月 5 日明星影片公司出版，轉引自《中國電影發展史》，第一卷，程季華主編，中國電影出版社 1963 年版，第 63 頁。

因此，舊市民電影的「舊」便與作為新電影的左翼電影的新區別開來。因為，左翼電影的第三個主要特徵是宣傳性，即以新的人物形象來傳播新思想、新理念。這又意味著，左翼電影對待社會現實的態度必定是站在激進的立場上的，或者說，是持激進的革命立場。

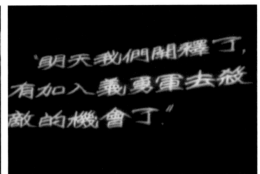

所以，《奮鬥》就不可避免的成為過渡時期的樣本。譬如影片在展開到三分之二的地方變換主題，最終形成的是一個新、舊拼貼的面貌。這個原因很簡單，編導史東山拍的片子一向追求唯美，所以時人才有所謂「追求粉紅色的」羅曼史的評價〔註36〕。譬如看看他一年前導演的《銀漢雙星》（原著：張恨水；編劇：朱石麟）就會明白，那裡面的舞美設計和造型理念，可謂唯美至極，極具後現代美學風範，且不乏中國風元素；人物形象和造型更是拍得搖曳多姿，黑白片的效果居然不比彩色片差多少，更不用說構圖、機位和調度的匠心獨具。

以史東山的一貫的美學風格來拍極具宣傳意味的《奮鬥》，不擰巴怎麼可能？而擰巴後的結果，就是影片主題生硬的結合、強行向左轉後留下的種種痕迹。之所以出現這種突然的轉折，是由於左翼電影的宣傳性，即理念的宣傳造成的。對於在舊市民電影興盛時期入道的史東山來說，在新時代和市場的雙重壓力下向左翼電影轉進，不使用強行手段是不行的。因為他不是孫瑜，沒有後者開創左翼電影先河的主觀自覺和客觀能動性。所以，只能在舊市民電影的基礎上強行扭轉。所以《奮鬥》的結尾是：兩個男青年上了戰場，一個為國捐軀了（自然是小袁），一個幸福的回來了（當然是小鄭），而且是國軍英雄。

〔註36〕 淩鶴：《世界名導演評傳（中國之部）》，原載《中華圖畫雜誌》1936 年 42、43、44、45 期，轉引自《中國無聲電影 3》，中國電影資料館編，中國電影出版社 1996 年版，1270 頁。

　　此前孫瑜爲「聯華」編導的兩部影片之所以是左翼電影，一個重要原因是結尾的超越性：《野玫瑰》的男女主人公的結合是彙聚於宣傳抗日救亡的遊行隊伍中，《火山情血》是男主人公最終殺死仇敵——愛情則是第二位的。而《奮鬥》中男女主人公的幸福團聚，「抗日救亡」不過是一條必經之路。所以評論者才說「《奮鬥》力量遠不如《火山情血》」〔註37〕，影片「逃避現實」〔註38〕，而且並不「成熟」，只是史東山「個人轉向的起點」〔註39〕，只不過，有「具有明顯的左翼傾向」〔註40〕。

丁、結語

　　1932年，是一個中國電影新、舊交替的關節點。以前我一直推測，這一年出品的電影，除了舊電影—舊市民電影，以及左翼電影，還應該有一些屬於過渡性質的文本。幸運的是，新近才向公眾放映的《奮鬥》就提供了這樣一個證據。顯然，《奮鬥》是一個試圖跟上時代和市場發展、進而強行向左轉的樣品，或者說，是舊市民電影加左翼電影雛形的混裝合成品。其實類似的意見在當時就有定評，可惜的是，1949年後，所謂「進步」與否之類的意識形態標籤取代了學術研究的嚴肅性和科學性。

〔註37〕　蘇鳳：《〈奮鬥〉評一》，原載1932年11月《晨報・每日電影》，轉引自《三十年代中國電影評論文選》，陳播主編，中國電影出版社1993年版，第216頁。

〔註38〕　常人：《〈奮鬥〉評二》，原載1932年11月《晨報・每日電影》，轉引自《三十年代中國電影評論文選》，陳播主編，中國電影出版社1993年版，第217頁。

〔註39〕　淩鶴：《世界名導演評傳（中國之部）》，原載《中華圖畫雜誌》1936年42、43、44、45期，轉引自《中國無聲電影3》，中國電影資料館編，中國電影出版社1996年版，1270頁。

〔註40〕　酈蘇元、胡菊彬：《中國無聲電影史》，中國電影出版社1996年版，第343頁。

　　有意思的是，就現存的、公眾可以看到的影片而言，類似這種過渡性文本還有「半」個，那就是同樣出自聯華影業公司、蔡楚生編導的《南國之春》。這是一個典型的舊市民電影，但已經不乏新思想的元素，也就是有左翼電影色彩硬性塗抹或硬性加入的地方。譬如對男主人公的包辦婚姻，被稱為「禮教害人」；借用報紙發表「留學生放洋」消息的時候，加入「日人毆傷華人，……反提三條件」的新聞，將國家面臨強敵入侵的時政信息傳達給觀眾；最嚴重的證據，是女主人公對男主人公的訣別之詞：「我希望你不要為我傷心……現在是國家多難之秋……鼓起你的勇氣……去救國……去殺……我們的敵人……」〔註41〕。

　　從中國電影史和電影史研究的角度看，重新公映《奮鬥》，或者說，對《奮鬥》「新發現」的重要意義還在於，在面對文本承認或曰恢復歷史真相即左翼電影誕生於1932年而不是1933年的前提下，可以做如下推論：第一，新、舊電影的分野時間是1932年；第二，從1922年到1949年之前這個時間段內，任何一部中國電影，不論是否繼續被雪藏還是偶而公之於眾，其實都可以找到自己的形態歸屬，即舊市民電影（1905～1931）、左翼電影（1932～1936）、新民族主義電影（1932～1949）、國防電影（1936～1945）、新市民電影（1933～1949）〔註42〕——而且這種歸屬並不受地緣政治的約束。

〔註41〕對這部影片的個案分析，已收入拙著《黑白膠片的文化時態——1922～1936年中國早期電影現存文本讀解》，敬請參閱。

〔註42〕對這一問題的詳細討論，請參見如下文章：《1922～1936年中國國產電影之流變——以現存的、公眾可以看到的文本作為實證支撐》，載《學術界》2009年第5期（本文的未刪節版收入拙著《黑白膠片的文化時態——1922～1936年中國早期電影現存文本讀解》），《20世紀20年代中國電影文化生態的低俗性及其實證讀解》，載《杭州師範大學學報》2009年第4期，《中國現代文學和早期中國電影的文化關聯——以1922～1936年國產電影為例》，載《中國現代文學研究叢刊》2010年第4期（前兩篇文章均收入拙著《黑夜到來之前的中國電影——1937年現存國產影片文本讀解》），敬請參閱。

　　這，與其說是歷史研究中理論的魅力，不如說是回歸歷史現場的努力；與其說是建構理論體系的熱情，不如說是歷史責任的召喚；與其說證據至上、文本第一，不如說，是實證與良知共存、歷史與當下互文。

戊、多餘的話

　　子、1932 年出品的《奮鬥》為什麼到 2012 年才被允許拿出來公映？

　　沒看到影片的時候，我還以為《奮鬥》一定存在著政治立場上不可饒恕的錯誤，或者，有不堪入目的色情鏡頭（會損傷觀眾的智力）。但看了以後恍然大悟，這部八十年前的中國準左翼電影中有太多的民國時代的意識形態印記，譬如高高飄揚的青天白日旗，無處不在國民黨的黨徽和軍帽上熠熠生輝的徽章，以及士氣昂揚、慷慨赴死的國軍將士形象和抗日救國的英勇行為……。

　　丑、「餘屋出租，無眷莫談」是什麼意思？

　　1949 年後的大陸觀眾只知道，「在萬惡的舊社會」，也就是國民黨政府統治時期，公眾場合尤其是飯店茶館到處都有「莫談國事」的警告性標語，說明民國時代政治環境的險惡和人民思想的禁錮。但《奮鬥》中的這個紙條，卻讓人另有一番感慨。「餘屋出租，無眷莫談」，是小鄭和燕姑私奔他鄉去租房子時出租房裏貼著的「租房要求」，也就是民間公約的意思。就是說本處吉屋出租，帶家眷的，也就是已婚者可以商量，單身的免談。這恰恰說明，那時候的人們並不是見錢眼開、有錢就能租到房，而是不鼓勵，至少是在道德上不縱容租客私自同居。民風樸素，由此可見一斑。

　　寅、為什麼《奮鬥》中的演員姓啥人物就姓啥？

　　一直到 1930 年代，舊市民電影都存在著這樣一個共同的、有趣的現象——後來一些新電影也有——譬如鄭君里飾演的人物叫小鄭，袁叢美飾演的就是小袁，陳燕燕演的就叫燕姑，劉繼群飾演的小學教書先生也姓劉。以前

我幾次專門討論過這個問題。這裡有必要再強調一遍。舊市民電影時代，影片和市場要的是規模化生產，主題、題材基本雷同，演員和人物也就沒有太多必要區別或厚此薄彼。觀眾看的就是一樂呵，也沒必要那麼當眞。但到了左翼電影你會發現，不僅演員和人物的姓名有所區別，而且人物的姓名有明顯的階級性特徵了；或者說，左翼電影的人物姓名加入了爲主題服務的行列——同一年的《野玫瑰》和《火山情血》就是例證——而《奮鬥》這種「仍舊慣」的現象恰恰說明，影片是舊市民電影的體格，其後面的左翼電影風骨是硬加上去的。〔註 43〕

初稿時間：2012 年 11 月 19 日
初稿錄入：李豔
二稿時間：2014 年 10 月 8 日～11 月 17 日
校訂配圖：2014 年 12 月 25 日～27 日

〔註 43〕除了戊、多餘的話，本章的主體部分（約 1 萬字），曾於 2014 年 10 月，以《1930 年代初期中國舊市民電影向左翼電影的轉型過渡——以聯華影業公司 1932 年出品的〈奮鬥〉爲例》爲題，投稿給《浙江傳媒學院學報》，收入本書前（2014 年 11 月）獲編輯部確認，即將發表於 2015 年第 1 期。特此申明。

原圖片文字：《鄭君里之女人腔：一九三二年男性典型》

同事間感情惡劣，導演先生也個個頭痛。

在中國電影界小生恐慌的現在，聯華公司的鄭君里，多少總能說是一個人才。但是事實告訴我們，他還是比卜萬蒼更驕氣凌人的人，在聯華公司裏沒有一個人和他說得上，就是沒有一個不痛恨他的驕氣。更滑稽的，導演先生也都見他頭痛。他這副一九三二年的男性典型——女人腔，導演先生至少要喚五六次「開麥拉」才能攝到一個滿意的鏡頭。不過他總究很像金焰、左翼電影家，都認為「可造」哩。

關於他的小史，我似乎可以約略說，說他本來叫蔚章，起先加入過童子軍隊，南國藝術學院開辦時，他就做了田漢的信徒（或即學徒）去年在友聯公司叫鄭千里。友聯公司根本不知識拔人才，他於是做了一個二路角色。那知一登聯華，《野玫瑰》一劇以後，身價十倍，無怪他驕氣十足、不可一世。

作者：史帶，載《開麥拉》1932 年第 69 期，第 1 頁。

Transformation from Traditional Citizen Film to Left-wing Film in 1930s' China: A Case Study on Striving （1932） by Lian Hua Film Company

Abstract: *Striving* has one theme with two sides, consistent social class division, and in contrast to left-wing films, traditional citizen film eroticism and violence. The first 45 minutes of the film is full of traditional citizen film style, but later 30 minutes deliberately adds early left-wing-film elements. The intention of doing so is to appeal market demands. *Striving*, shown to public in Beijing Chinese Film Library in 2012, has revealed that 1932 is a renewal year in which old films were transforming to new films, traditional citizen films were replaced wholly by left-wing films. *Striving*, edited and directed by Shi Dongshan, is a transitional case representing traditional citizen films substituted forcefully by left-wing films。

Key words: traditional citizen film；left-wing film； Striving；Shi Dongshan; transitional case;

第肆章 「明星」版左翼電影的市場化嘗試與失敗及其歷史意義——《春蠶》（1933年）：早期左翼電影樣本讀解之四

閱讀指要：

　　1930 年代初期，舊市民電影開始衰落，以知識階層和青年學生為主的新觀眾群體的湧現和競爭對手聯華影業公司的新電影製作方針，迫使以舊市民電影起家的明星影片公司採取與左翼文藝合作的製片路線以換取市場生存空間，這就是將左翼文學代表作之一的短篇小說《春蠶》改編成電影的歷史背景。影片雖然出現在左翼電影高產之年，但它的思想力度和藝術特徵決定了它只能屬於早期左翼電影，而不是不完全意義上的左翼電影或曰經典左翼電影：影片政治經濟學和意識形態的圖解佔據和擠壓了原先就很逼仄的藝術敘事空間。小說《春蠶》最偉大的藝術貢獻就是荷花這個「女二流子」形象，可惜影片的改編太拘泥於原著，沒能將她進一步豐滿。但恰恰就是從電影《春蠶》開始，明星影片公司借助左翼電影的諸多思想和藝術元素，開拓出一條新市民電影的製作新路線。因此，電影《春蠶》既是解讀 1933 年中國左翼文學與電影內在關聯的範例，又是「明星」公司在「左翼電影年」內製片路線改變後一個可供讀解的標本。同時，作為一部具有濃厚藝術風格的農業技術科教片，相關專業的人士應該多看看電影《春蠶》——在片面追求意識形態效應和票房回報的商業投機意識指導下，科學和藝術的結合會產生出一種怎樣出人意料的喜劇效果。

關鍵詞：左翼文學；明星影片公司；製片路線；左翼電影；「二流子」；

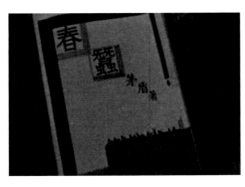

專業鏈接 1：《春蠶》（故事片，黑白，配音），明星影片公司 1933 年出品。VCD
（雙碟），時長 94 分鐘。

>>> **原著**：茅盾；**編劇**：蔡叔聲【夏衍】；
　　　導演：程步高；**攝影**：王士珍。

>>> **主演**：王人美、金焰、葉娟娟、章志直、嚴工上。

專業鏈接 2：原片片頭字幕及演職員表字幕（標點符號爲錄入者添加）

全部音樂有聲影片。《春蠶》。明星影片公司攝製。

原著：茅盾：

編劇：蔡叔聲：

導演：程步高：

攝影：王士珍：

置景：董天涯：

配音：何兆璜、何兆璋。

演員表——以出場先後爲序：

老通寶——蕭英，

小寶——張敏玉，

阿四——龔稼農，

四大娘——嚴月嫻，

多多頭——鄭小秋，

六寶——高倩蘋，

荷花——艾霞，

李根生——王徵信，

紳士——嚴工上，

小姐——顧梅君。

專業鏈接 3：影片鏡頭統計：

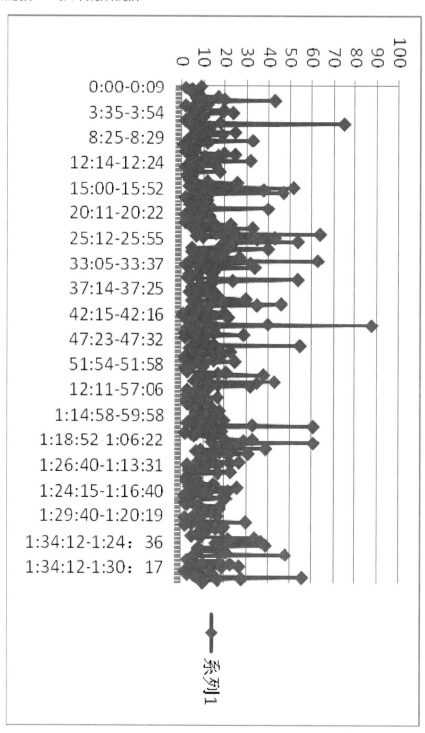

說明：《春蠶》殘片時長 93 分 33 秒，共 414 個鏡頭。其中：

甲、小於和等於 5 秒的鏡頭 110 個，大於 5 秒、小於和等於 10 秒的鏡頭 113 個，大於 10 秒、小於和等於 15 秒的鏡頭 66 個，大於 15 秒、小於和等於 20 秒的鏡頭 51 個，大於 20 秒、小於和等於 25 秒的鏡頭 26 個，大於 25 秒、小於和等於 30 秒的鏡頭 10 個，大於 30 秒、小於和等於 35 秒的鏡頭 13 個，大於 35 秒、小於和等於 40 秒的鏡頭 8 個，大於 40 秒、小於和等於 45 秒的鏡頭 3 個，大於 45 秒、小於和等於 50 秒的鏡頭 3 個，大於 50 秒、小於和等於 55 秒的鏡頭 4 個，大於 55 秒、小於和等於 60 秒的鏡頭 1 個，大於 60 秒、小於和等於 65 秒的鏡頭 4 個，大於 65 秒、小於和等於 70 秒的鏡頭 0 個，大於 75 秒、小於和等於 80 秒的鏡頭 0 個，大於 80 秒、小於和等於 85 秒的鏡頭 0 個，大於 85 秒、小於和等於 90 秒的鏡頭 1 個，大於 90 秒、小於和等於 95 秒的鏡頭 0 個。

乙、片頭鏡頭 10 個，片尾鏡頭 1 個：字幕鏡頭 90 個，其中交代劇情的鏡頭 9 個，交代人物鏡頭 0 個，對話鏡頭 71 個。

丙、固定鏡頭 232 個，運動鏡頭 92 個。

丁、遠景鏡頭 9 個，全景鏡頭 89 個，中景鏡頭 56 個，近景鏡頭 126 個，特寫鏡頭 43 個。

（數據統計：鞏傑，圖表製作與核實：劉曉琳 ）

專業鏈結 4：影片觀賞推薦指數：★☆☆☆☆

甲、前面的話

　　1930 年代初期，既是中國現代文學史上左翼文學「興發」的時代[1] P191，也是中國電影發展的成熟期。作為現代工業體系中的一個重要鏈條，中國電影的製作和生產、市場和消費，一方面受到具有中國當時的政治、文化、尤其是意識形態領域日趨激烈角鬥的外在制約；另一方面，隨著中國本土經濟

和民族資本勢力的迅速增強，電影自身的經濟屬性，又決定了其行業運營必然要遵循追求利益最大化的商業規律。

就電影的製作流程而言，伴隨著左翼文藝出現而興起的左翼電影，無論在編、導、演的人員組織和構成上，還是在電影出品企業對製片路線的制定和調整，都與左翼文學和左翼作家所形成的左翼勢力存在著密切的互動關聯。1933 年，當時中國三大國產電影製片公司之一的明星影片公司，將左翼作家代表人物茅盾（1896～1981）的短篇小說、同時也是左翼文藝代表作之一的《春蠶》改編成電影，但市場反響不佳。小說《春蠶》的成功和電影《春蠶》的失敗，從個案考量的角度，其在文學－電影史上的標本意義，存在著值得進一步解讀的空間和價值。

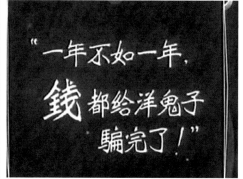

乙、明星影片公司在電影市場的挫敗和製片路線的及時調整

鄭正秋（1889～1935）和張石川（1890～1953）是中國早期電影開拓者的代表，也是第一代最著名的中國電影編導。以他們兩人為首腦，組建於 1922 年的明星影片公司，在 1920 年代可謂獨領風騷，是舊市民電影最大的生產製作中心之一。「明星」公司最輝煌的業績是在 1928 年，將盛行一時的武俠小說大家向愷然的《江湖奇俠傳》改編成電影《火燒紅蓮寺》上市，就此引發了中國早期電影的武俠片熱潮，各影片公司群起仿傚，應聲推出一系列「火燒片」，譬如《火燒青龍寺》（暨南影片公司 1929 年出品）、《火燒百花臺》（上下集，天一影片公司 1929 年出品）、《火燒劍鋒寨》（錫藩影片公司 1929 年出品）、《火燒九龍山》（大中華百合影片公司 1929 年出品）、《火燒平陽城》（連續 7 集，昌明影片公司 1929 年出品）、《火燒七星樓》（連續 6 集，復旦影片公司 1930 年出品）、《火燒白雀寺》（暨南影片公司 1930 年出品）以及《火燒靈隱寺》、《火燒韓家樓》、《火燒白蓮庵》等等 [2] P134。

　　由於以武俠小說爲代表的大眾通俗文藝及時塡補了 1917 年新文學興起後所形成的市民文化和通俗文學的閱讀空白[1]P91，因此，電影《火燒紅蓮寺》有著廣泛的受眾基礎，電影市場的利潤空間進一步得到拓展。在經濟利益的刺激下，明星影片公司一口氣把影片拍到 1931 年，連續 18 集之多[2]P133~134。客觀上，「明星」公司不僅降低了競爭對手天一影片公司（1925 年組建）的市場佔有率，更擠垮了眾多中小公司——譬如，民新影片公司、大中華百合影片公司、上海影戲公司爲了共謀生路，在 1930 年與掌控北方電影院線的羅明祐的華北公司，聯合組建了聯華影業公司，從而形成了中國早期電影歷史上三大製片公司在國產影片市場三足鼎立的局面。

　　在主觀上，主掌「明星」業務的公司高層如鄭正秋和張石川，既是中國早期買辦和資本運作專家，又是舊市民電影編導的傑出代表，政治形勢判斷的局限性和產銷市場的投機性，決定了他們對電影社會意識形態和文化屬性的遲鈍反應。1931 年，在爆發對中國社會現代化進程和民族存亡造成嚴重威脅的「九·一八」事變前夕，明星影片公司依然投入鉅資，將另一個擁有廣大讀者的通俗小說大家張恨水的暢銷作品《啼笑因緣》，改編爲 6 集同名電影，試圖再次譜寫一曲票房神話[2]P200。

　　但是，進入 1930 年代後的中國社會，內憂外患，危機四伏：日本全面侵略中國的步伐加快，國民黨政府在政治、軍事、思想和文化領域日益專制獨裁，左翼思潮以激進的姿態對主流意識形態全面反彈……。時代的變化和舊市民電影的審美疲勞、以及觀眾群體的變化更迭，合力扭轉了電影市場走向：

　　1930 年代，以知識階層和青年學生爲主要構成的新的觀眾群體和聯華影業公司的新電影製作方針，直接和大量地分流、搶佔了本來就利潤薄弱的國產片市場份額——從 1914 年～1918 年的第一次世界大戰爆發期間，到 1949

年中華人民共和國成立初期，以美國影片為主力的外國電影一直佔據著中國電影消費市場的主導地位、獲取著大額利潤。

因此，《啼笑因緣》的盛裝推出，不僅沒有打開市場、迎合需求，反而使「明星」公司陷入經營困境。「明星」不得不向市場承認錯誤，採取和左翼文藝合作的製片路線 [2] P201，以圖換取更好的市場地位和經濟回報。明星影片公司痛定思痛，由公司上層親自出面，聘請當時在戲劇、電影界知名的左翼人士和主創人員加入公司影片製作團隊，成立包括夏衍、鄭伯奇、阿英、洪深等在內的「編劇委員會」，負責劇本的創作和改編；為了規避政治上的風險，這些左翼人士都不公開出面，而是以化名參與工作，「以利影片的拍攝和放映」；僅在 1933 年一年間，明星影片公司就推出了 22 部「左翼的和在左翼影響下的影片」[2] P201~203。

如果按照有上述左翼人士參加編寫、修改劇本，或有涉及左翼思想和左翼傾向為標準予以檢索，我認為，真正的左翼影片或帶有左翼色彩的影片應該只有 11 部：

    1、《狂流》，編劇、說明：夏衍，導演：程步高，攝影師：董克毅。
      主要演員（略）：

    2、《女性的吶喊》，編導：沈西苓，說明：高季琳，攝影師：王士珍。
      主要演員（略）：

    3、《脂粉市場》，編劇、對白：夏衍，導演：張石川，攝影師：董克毅。主要演員（略）：

    4、《前程》，編劇：夏衍，導演：張石川，攝影師：董克毅。主要演員（略）；

    5、《壓迫》，編劇：洪深，導演：高梨痕，攝影師：王士珍。主要演員（略）；

6、《春蠶》(根據茅盾同名短篇小說改編，編導、攝影及主要演員名
　　單見前)。

7、《鐵板紅淚錄》，編劇：陽翰笙，分幕、說明：夏衍、洪深，導演：
　　洪深，助理導演：沈西苓、高梨痕，攝影師：董克毅。主要演員
　　(略)；

8、《鹽潮》，原作：樓適夷，分場劇本：鄭伯奇、阿英，導演：徐欣
　　夫，攝影師：董克毅。主要演員 (略)；

9、《上海二十四小時》，編劇：夏衍，導演：沈西苓，攝影師：周詩
　　穆。主要演員 (略)；

10、《時代兒女》，編劇：夏衍、鄭伯奇、阿英，導演：李萍倩，攝影
　　師：嚴秉衡。主要演員 (略)；

11、《豐年》(又名《黃金谷》)，編劇：阿英，導演：李萍倩，攝影師：
　　嚴秉衡。主要演員 (略)。

　　這 11 部影片[2] P542~544，除了《春蠶》是配音片、《脂粉市場》是有聲片
外，其他都是無聲片——而現在公眾能看到的、我將要進行個案解讀的也就
只有這兩部影片；更特殊的是，《春蠶》是「明星」公司在左翼電影興起後拍
攝、而現在能夠看到的、唯一的一部左翼電影——按照我的劃分，《春蠶》雖
然出現在 1933 年左翼電影高產之年，但它的思想力度和藝術特徵決定了它只
能屬於早期左翼電影，即不完全意義上的左翼電影或曰經典左翼電影；《脂粉
市場》則屬於新市民電影類型 (對以上影片的具體意見請參見我的專題討
論)。因此，《春蠶》既是我解讀 1933 年中國左翼電影的樣本之一，又是明星
影片公司在「左翼電影年」內製片路線改變的一個範例。

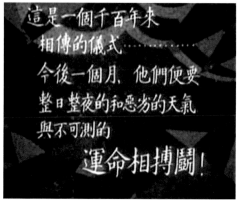

丙、《春蠶》：左翼電影不成功的標本讀解及其對明星影片公司的歷史意義

從電影的角度而言，雖然編劇由著名左翼人士之一的夏衍擔任，但相對於茅盾原著的成功而言，程步高導演的《春蠶》是全盤失敗的，因爲整個影片基本在是圖解所謂左翼思想和人物形象；但恰恰就是從電影《春蠶》開始，明星影片公司借助左翼電影的思想和藝術元素，開拓出一條新市民電影的製作新路線：「明星」公司在這一年出品的《脂粉市場》是這種實驗的繼續，而由公司大佬、「老」導演鄭正秋親自編導的《姊妹花》，獲得市場高度反響和巨大的票房收益，恰恰又給《春蠶》在商業回報上的慘敗提供了一個反證〔註1〕。

電影《春蠶》無疑是左翼電影的一個典型和代表，雖然，它屬於早期左翼電影，同時也不是左翼電影的成功範例。1930年代的中國三大文學派別（潮流），是左翼文學、京派文學和海派文學[1] P209。1933年，就小說創作而言，也是左翼文學豐收的一年，其標誌就是茅盾（1896～1981）的長篇小說《子夜》的出版〔註2〕；而從1932年到1933年，茅盾寫了《春蠶》《秋收》《殘冬》三個相互關聯、又可以各自獨立的短篇小說，「《春蠶》的改編和攝製，是中

〔註1〕 1933年，程步高先後導演了根據張恨水同名小說改編的《滿江紅》，和根據茅盾同名小說改編的《春蠶》，前者「很賣座，似乎對得住公司」，「卻又似乎對不住了自己」；後者票房慘敗，「對不住了公司」，「卻還覺得對得住了自己」[3]。

〔註2〕 《子夜》在中國現代文學史上的地位現在應該被進一步質疑，它不是一個成功的作品，而是作者對當時中國社會現實偏重政治考量的思想圖解：《子夜》有選擇地圖解了帝國主義和外國資本對中國的政治、經濟領域的掌控以及國內的階級鬥爭性質，小說中成功塑造的人物形象和景象描寫，恰恰是作者脫離政治圖解的地方，譬如那些不革命的男男女女和男女情懷。

國新文藝作品搬上銀幕的第一次嘗試」[2] P208：小說《春蠶》既是左翼文學的代表，也是早期左翼電影的一個可供解讀的樣本。

就電影《春蠶》而言，它是最忠實於或曰最拘泥於原著的電影改編，它的目的就是圖解在帝國主義和資本主義經濟勢力壓迫下的中國農村、尤其是江南農村蠶農破產的現實狀況，有著很強烈的當下性和紀實性。但影片從一開始就沒打算講故事，政治經濟學敘事和意識形態圖解佔據和擠壓了原先就逼仄的藝術敘事空間。本來，對電影觀眾來說，老通寶的兒子多多頭和農家女荷花微妙的情感關係，看上去是影片的一個重點和線索所在，而對世俗男女之情的描寫也正是左翼作家茅盾和舊市民電影導演程步高所擅長的。但影片將這一點輕輕帶過，觀眾沒有看到他們的關係有進一步的交代，而在原著中的相關描繪卻很生動。

在小說和電影《春蠶》中，荷花這個女性人物形象最是到位。這是因為，在對 1949 年前中國農村社會的文學作品中，有一類人物與農耕文明、鄉土文化和傳統生存環境格格不入，這就是 1949 年後大陸文藝作品中所謂的「二流子」形象。在我看來，這樣的人物表面上不務正業（譬如不是稱職的專業農民）、道德境界不高（常有不正當的男女私情或類似的意識和行為）、個人品質有這樣那樣的缺陷，但在骨子裏，他們卻是 20 世紀中國社會整體發生本質性變遷的先鋒和前衛人群，有著天然的、建立在流氓性基礎上的革命性，從而不被社會主流和主流意識所接納；無論哪一個階級取得社會改革或革命的成功，他們都是命中注定的邊緣人物和被再次革命與反覆整肅的對象。

譬如，1920 年代，中國文學作品中最著名的「二流子」就是農民阿 Q（魯迅：《阿 Q 正傳》，1921～1922）；1930 年代，是城市裏的人力車夫祥子（老舍：

《駱駝祥子》，1936）。小說《春蠶》最偉大的藝術貢獻就是出現了荷花這個「女二流子」形象，可惜在1933年的電影《春蠶》中沒能將她進一步豐滿、更缺乏對她的開掘塑造——這與其說是編導藝術創造和藝術表現的失策，不如說，這是有著深厚舊市民電影製作傳統的「明星」公司在對待左翼電影上的局限所致。

小說對老通寶一家細緻入微的心理刻畫和行為意識表述，在電影《春蠶》中，變成了江南農桑行業在現代經濟技術衝擊下破產的動畫宣傳。而這一點，恰恰又是左翼文藝的特長，或者說，是早期左翼電影理念圖解的特質。譬如影片《春蠶》就明確指出，江南農村凋敝、老通寶等桑農陷於困境的原因，正是帝國主義的政治和經濟侵入所致。左翼電影之所以會有這樣強烈的圖解意識，一方面，與1930年代中國面臨外敵入侵的危機狀態下民族意識的覺醒和壯大有關；另一方面，對底層民生的關注一直是左翼電影的重點之一。

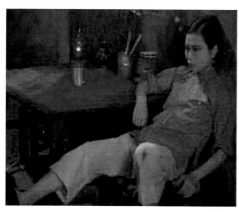

因此，電影《春蠶》充斥畫面的幾乎全部是蠶和蠶的養殖，影片傳達的信息種類狹隘單調。譬如為了拍攝《春蠶》，導演特意在攝影場上搭了一個育蠶房，從浙江農村找來養蠶經驗豐富的老農現場培育[2] P211。對於擅長市民題材的製片公司和導演來說，這應該是勉為其難而又難能可貴的，由此也可以看出「明星」公司試圖轉向左翼電影的努力，並且也的確在一定程度上達到了忠實於原著左翼特色的目的。

電影《春蠶》之所以會如此細緻地重視和再現這個專業技術含量很高的的場景，是因為，農業文明和作為先進文化的左翼文藝之間有一種天然的血肉聯繫。問題是，進入1930年代後，以城市文學為代表的城市文化，已經和鄉土文學和鄉村文化分庭抗禮——這也能夠明白當時的小說家沈從文

（1902～1988）為什麼一直宣稱自己是「一個鄉下人」，他的意思是他以此為榮——現在看來，20世紀30年代中國文學的最高代表，是城市文學即海派文學〔註3〕，而1920年代中國文學的最高代表是以魯迅為代表鄉土文學。在這個意義上，電影《春蠶》與其說是左翼電影，倒不如說農業文明與早期左翼電影的一次不成功的藝術嫁接。

在技術手法和藝術表現方式上，電影《春蠶》實際上也是「明星」公司從舊市民電影向新電影類型過渡的嘗試，在導演和表演上都屬於早期左翼電影中比較笨拙的一種，即所謂政治上正確，藝術成就較差。譬如導演程步高和攝影王士珍，在構圖和節奏的把握上墨守成規或曰中規中距，所有鏡頭處理都循規蹈矩，重視章法，頗有方正之氣。

電影《春蠶》在藝術上的最大特點就是它的配樂極具特色。影片片頭給出的字幕是「全部音樂有聲片」，起的是一種廣而告之的市場招徠作用。（這裡的「有聲」實際上是配音片，這是當時電影製作上首批使用片上發音的「有聲」影片之一，但不是完全意義上的有聲電影，因為它的聲、畫錄製是分開完成的）。因此，電影《春蠶》的對白雖然還是全靠字幕完成，但這樣的電影在當時無疑是擁有最好視聽效果的製作了：

整個片子自始至終幾乎全部使用西洋名曲，的確做到了「全部音樂有聲」，譬如在萬千條蠶寶寶大吃桑葉的時候，用的是舒伯特的《軍隊進行曲》；

〔註3〕 即「老海派」：1940年代城市文學的代表是以張愛玲（1921～1995）為代表的「新海派」：1950年代以後，中國城市文化的發展則基本轉移至香港和臺灣（從1980年代後期到現在，大陸先後冠以「港臺文學」和「臺港文學」的稱謂）。這是因為，1949年以後，中國大陸幾乎沒有生成城市文學的土壤和作品，這種事實上的幾乎空白一直延續到1980年代中期北京作家王朔（1958～）的出現。

在鄰家女孩六寶向眾人傳達多多頭和荷花之間的新聞時，另一段西洋樂曲應聲而出，倒也渾然天成；而當老通寶進城守侯在繭廠大門前苦苦等候開市收購時，用的是聖桑的《天鵝》，人物內心情緒的哀婉正和曲調相呼應──現在看來，不無莞爾之處。

丁、結語

但是，電影《春蠶》相對薄弱的藝術價值以及營銷史上令導演尷尬不已的票房回報，並不能抵消它自身的標本意義和歷史價值：作爲明星影片公司歷史轉型期間製片路線的檢驗和實踐，「明星」公司成功地借助左翼思潮及其背後政治勢力的推波助瀾和編導人才優勢，在順應時代變遷和市場需求的製片路線及時調整過程中，一方面逐漸吸收和揚棄左翼文藝的長處和局限，另一方面，又借助自身舊市民電影製作的傳統根基和技術優勢，爲一年後新市民電影的全面崛起奠定了思想和藝術基礎，從而在形成與左翼電影並駕齊驅局面的同時，又在電影市場的上游製作和下游消費上，與聯華影業公司等競爭對手相抗衡，並最終爲 1930 年代中國電影高峰的形成提供了作品保證。

戊、多餘的話

子、在 1933 年興起的「左翼電影年」中，明星影片公司出品的所謂左翼電影，至少就現在能看到的《春蠶》而言，帶有濃重的市民電影氣息，譬如包括老通寶在內的男性形象，都不像人們印象中的農民。這種情形，顯然與明星影片公司的製片宗旨和藝術傳統有關，而在 1933 年當年，更與「明星」公司開拓的新市民電影製作及其新的藝術追求有著直接的聯繫：譬如在「明星」公司隨後出品的新市民電影的奠基作《姊妹花》中的農村和農民，已經是城市文化

視角中的群體認定形象——說到底，「明星」公司和當時其他的製片公司一樣，施行的是爲包括知識階層和青年學生在內的市民提供電影文化消費的製作方針，「左翼」是最具明星效應和票房號召力的閃亮標籤（政治 LOGO）。

丑、電影《春蠶》是一部具有濃厚藝術風格的農業技術科教片，農業院校和相關專業的人士應該多看看——在片面追求意識形態效應和票房回報的商業投機意識指導下，科學和藝術的結合往往會產生一種出乎意料的喜劇效果，那就是在藝術之外，靠觀眾自己去硬找樂趣〔註4〕。

初稿時間：2003 年 8 月 21 日
初稿謄錄：陳玉鵬
二稿校改：2007 年 2 月 15 日
三稿改定：2007 年 12 月 10 日
校改配圖：2015 年 1 月 7 日～12 日

參考文獻：

〔1〕 錢理群，溫儒敏，吳福輝，中國現代文學三十年（修訂本）〔M〕，北京：北京大學出版社，1998。

〔註4〕 本章作爲第13章收入《黑白膠片的文化時態——1922～1936年中國早期電影現存文本讀解》之前，其主體部分（除了戊、多餘的話）曾於2009年4月15日，以《電影〈春蠶〉：左翼文學與國產電影市場的結晶》爲題向外投寄、謀求發表，一年才得以被2010年第4期的《徐州師範大學學報》（雙月刊）刊用。此次收入時，將成書版中只有一個自然段的甲、前面的話，用雜誌發表版的面貌替代。特此申明。

〔2〕程季華，中國電影發展史：第 1 卷〔M〕，北京：中國電影出版社，1963。

〔3〕程步高，新年的感想，申報：電影專刊〔N〕，1934-1-1//葛飛，市場與政治：1930 年代的左翼電影運動〔J〕，文藝理論與批評，2005（5）：24。

Silk Worm — A Integration of Left-wing Literature and the Market of Chinese Films in 1933

Abstract: In the early of 1930s, the growing unrest at home and abroad directly led to the decline of traditional citizen films which had prevailed in 1920s. The audience composed of intellectuals and young students, with a new film production line in Lianhua Film Company forced Star Film Company to cooperate with left-wing literary, in order to secure a film market. This is the background of film *Silk Worm*, which adapted from the same name left-wing literary masterpiece. Even though *Silk Worm* was produced in the harvest year of left-wing films, its ideological and artistic features determine it only belongs to the early state of left-wing films, rather than a classical left-wing film. The political economics and ideology reflected in the film make the narrow narrative space smaller. The greatest contribution to art from novel *Silk Worm* is the image of He Hua who is a teddy girl, however, the film failed to enrich the character. It is from the film *Silk Worm* that Star Film Company created a new line of producing traditional new citizen films by absorbing many ideas and art elements from left-wing films. Therefore, *Silk Worm* is not only an illustration for understanding the correlation between 1933 Chinese left-wing literature and films, but also an example showing changed film production line of Star Film Company in 「Left-wing Film Year」。

Key Words: left-wing literature; Star Film Company; film production line; left-wing film; teddy girl

第伍章 革命與暴力的道德激情和階級意識灌注的左翼電影——《天明》(1933年)：完全意義上的左翼電影樣本讀解之一

閱讀指要：

　　《天明》說是在左翼思想指導下，最早對性工作者給予正面理解和同情的現存影片文本。不同的是，《天明》中女主人公所使用的反抗手段和依附的暴力集團行為，融入了強烈的道德激情和政治革命色彩；在深層次上，資本家強暴蓤蓤觸犯了中國道德禁區，即對處女貞潔的剝奪，在淺層次上，「趁人之危」的作惡方式，破壞了民眾共同遵守的道德戒律。明白了這一點你就明白，為什麼左翼電影或者是具有左翼傾向電影在中國普通民眾當中有那麼大的鼓動性和號召力。

關鍵詞：左翼電影；弱勢群體；性剝削；道德激情；暴力；性工作者；模式

專業鏈接 1：《天明》（故事片，黑白，無聲），聯華影業公司 1933 年出品。VCD
（雙碟），時長 97 分 22 秒。

　　〉〉〉**編劇、導演**：孫瑜；**攝影**：周克。

　　〉〉〉**主演**：黎莉莉、高占非、葉娟娟、袁叢美、羅朋。

專業鏈接 2：原片片頭字幕及演職員表字幕（標點符號爲錄入者添加）

　　《天明》。

　　監製：羅明祐；

　　製片主任：陸涵章；

　　攝影：周克；

　　布景：方沛霖。

　　演員表：

　　　　　菱菱——黎莉莉，

　　　　　張表哥——高占非，

　　　　　堂姐——葉娟娟，

　　　　　紗廠少主——袁叢美，

　　　　　少年軍官——羅朋，

　　　　　胖姐夫——劉繼群，

　　　　　瘦猴——韓蘭根，

　　　　　防守司令——王扶林。

　　編劇、導演：孫瑜。

專業鏈接 3：影片鏡頭統計

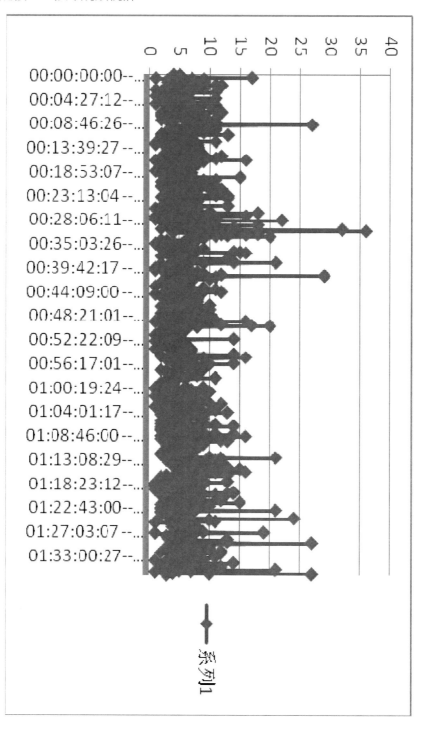

說明：《天明》全片時長 97 分 22 秒，共 917 個鏡頭。其中：

甲、小於和等於 5 秒的鏡頭 450 個，大於 5 秒、小於和等於 10 秒的鏡頭 361 個，大於 10 秒、小於和等於 15 秒的鏡頭 77 個，大於 15 秒、小於和等於 20 秒的鏡頭 17 個，大於 20 秒、小於和等於 25 秒的鏡頭 6 個，大於 25 秒、小於和等於 30 秒的鏡頭 4 個，大於 30 秒、小於和等於 35 秒的鏡頭 1 個，大於 35 秒、小於和等於 40 秒的鏡頭 1 個，大於 40 秒、小於和等於 45 秒的鏡頭 0 個。

乙、片頭鏡頭 8 個，片尾鏡頭 1 個，黑屏鏡頭 29 個；字幕鏡頭 143 個，其中，交代劇情鏡頭 19 個，交代人物鏡頭 0 個，對話鏡頭 116 個。

丙、固定鏡頭 700 個，運動鏡頭 47 個。

丁、遠景鏡頭 43 個，全景鏡頭 106 個，中景鏡頭 233 個，近景鏡頭 258 個，特寫鏡頭 134 個。

（圖表製作與數據統計：王衛星，核實：劉曉琳）

專業鏈結 4：影片觀賞推薦指數：★★☆☆☆

甲、前面的話

1930 年代，在基本主導和掌控中國國產影片市場的三大製片公司中，天一影片公司、明星影片公司在觀眾心目中的印象是「舊派」，而聯華影業公司屬於「新派」[1] P155。按照我的分析和歸類，就現存的、公眾能夠看到的影片而言，所謂「舊派」其實指的是按照舊市民電影模式生產的影片，「新派」指的是在新的製作思想和製片路線指導下產生的新市民電影和左翼電影。由於「明星」公司在 1920 年代製作舊市民電影的資深背景，所以被歸於「舊派」，實際上，新市民電影的確有出「新」之處，只不過，比起左翼電影激進的、前衛的政治立場和偏激表達，「明星」公司又不能完全脫離「舊」的精神氣質。事實上，1930 年代的中國左翼電影，幾乎全部由聯華影業公司出品。

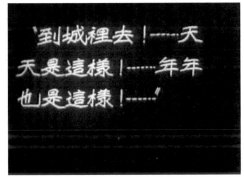

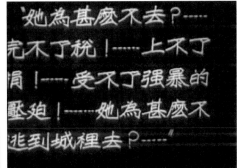

有聲電影技術在 1930 年代初期進入中國以後，三大製片公司的對待態度多有不同：天一影片公司因爲要鞏固海外尤其是南洋市場，對有聲技術和有聲片製作最爲積極；明星影片公司的態度雖然相對中間，但卻憑藉公司高層對資本走向和市場趨勢本能的直覺，立刻投資拍攝有聲電影，譬如 1933 年出品的《姊妹花》，就在次年創造了連映 60 餘天的國產影片高票房記錄；聯華影業公司則傾向于堅持無聲影片的傳統製作路線[1] P159。

從表面上看，「聯華」對待電影有聲技術的消極態度，似乎可以解釋爲因爲相關設備購置和技術改造成本較大，譬如「聯華」的當紅影星王人美就抱怨老闆「怕花錢」[註1] [2]；實際上，更爲重要的原因，是「聯華」擁有其他兩家大公司沒有的底牌和優勢：從 1931 年「九‧一八」事變前後，「聯華」出品的影片就開始帶有左翼色彩，隨後就一直有製作左翼電影的傳統──在 1934 年電通影片公司成立之前，除藝華影業公司外，「聯華」公司一直是出產左翼電影的中心，而左翼電影或具有左翼色彩的電影在 1930 年代，又是最具社會影響力、思想穿透力、藝術感召力和票房號召力的新電影類型。

在我對中國早期電影的系統描述中，現存的、1933 年出品的 6 部影片的歸屬如下：「明星」出品的有聲片《脂粉市場》和《姊妹花》均爲新市民電影，其餘 4 部都是左翼電影（除「明星」公司出品的《春蠶》是配音片外，其餘全是無聲片）；其中，《惡鄰》是由月明影片公司製作，《天明》和《母性之光》則都是「聯華」公司左翼電影代表性作品。從影片的思想品質和藝術成就，

〔註 1〕 性剝削和性壓迫在中國社會當中，從古至今都是指向女性，因爲就男女兩性而言，女性始終是弱勢群體。對於男主人公而言，他所經受的剝削和壓迫往往表現在經濟和政治層面：如果以階級性的觀點去讀解《風雲兒女》（電通影片公司 1935 年出品），似乎可以得出男主人公遭到性剝削的結論。所以，所謂女權主義的理論和行爲意識，其生成和出現不是來自本土文化，而是來自西方。

尤其是對中國電影歷史的重大影響的角度上說，1931 年之後，「聯華」的「無聲」勝「有聲」——在此不妨先以《天明》為解讀對象，實證說明之。

乙、《天明》：對社會底層弱勢群體的關懷、對重大社會問題的即時反映

　　1930 年代的中國電影有一個有趣的細節，（細節往往能說明事情的本質），譬如「明星」公司無論是在 1933 年出品的影片《脂粉市場》和《姊妹花》，還是 1937 年的《馬路天使》和《十字街頭》，片名本身就彰顯了新市民電影濃重的市民趣味和世俗化價值取向；而左翼電影的性質也同樣可以在片名上找到判斷依據：譬如「聯華」公司旗下的大牌導演孫瑜，在兩年間連續編導了 4 部影片，即 1932 年的《野玫瑰》、《火山情血》和 1933 年的《天明》、《小玩意》，其激進傾向和革命立場一覽無餘、貫穿始終。（所謂《野玫瑰》，「野」意味人物形象和行為意識不受拘束、打破規範，極具左翼思想顛覆一切即有模式的神韻，何況，玫瑰本身就帶刺兒）。

　　什麼叫左翼？左翼電影又是什麼？在我看來，一切激進的、另類的、自由的、革命的，打破和顛覆現有強勢政治、文化模式和思想統治，反抗和否定一切佔據絕對主流地位的意識形態的文藝作品，統統可以歸攏到左翼名下。譬如《火山情血》，宣揚被壓迫者暴力反抗的天然正義性和合理性，《天明》充滿渴望消滅強權政治和經濟壓迫的革命呼號，《小玩意》中激進的民族主義立場表達，《母性之光》把世俗人性規範於階級性和革命性的絕對指導之下；「明星」公司的《春蠶》表現對社會弱勢階層——農民階級的關懷和同情。

　　所以，左翼電影的第一個共同特點，就是同情、關懷弱勢群體，進而以使用包括語言暴力在內的一切手段，反抗強力階層，尤其是有權和有錢階級。因此，《天明》的左翼傾向首先體現在人物的社會階層定位上。譬如，被同情、

被肯定的人物形象，都來自貧窮的農村社會；進城之後，作為農民工，更是
社會底層中的弱勢群體——這和以前的舊市民電影、同時代的新市民電影有
本質區別：那些影片無論怎樣演繹才子佳人的故事，其主人公的出身都不是
來自社會底層。譬如《一串珍珠》（長城畫片，1925）是白領階層，典型的中
產階級；《西廂記》（民新，1927）是高級知識分子出身；《情海重吻》（大中
華百合，1928）、《雪中孤雛》（華劇，1929）、《銀漢雙星》、《桃花泣血記》和
《一翦梅》（均為聯華影片公司1931年出品）中的老爺少爺太太棄婦怨偶們，
也都在這個範疇之內。

　　相反，新市民電影《姊妹花》中的主人公雖然是來自鄉下的貧窮母女，
但最後還是找到了發了大財的和做了姨太太的親人（這意味著她們由原先低
下的出身所決定的社會地位，很快就會發生本質性的改變和提升）；即使像《勞
工之愛情》（明星，1922）和《脂粉市場》，其中的人物雖然看上去也是城市
平民，但終歸不是真正的無產者。所謂底層民眾或弱勢群體在當時指的是什
麼？在《天明》中，指的就是工人階級和農民階級，尤其是失去了土地和生
存空間、流落城市、甚至出賣肉體以求活路的赤貧民眾（即所謂民工和性工
作者）。

　　其次，《天明》的左翼傾向體現在對重大社會問題的聚焦和即時反映上。
就時代背景而言，當時重大的社會問題之一是農村豐收成「災」，「穀賤農傷」，
大批農民因為豐收而破產，背井離鄉湧入城市謀生。就像影片兩次給出的字
幕所言：「天天如此，年年如此」。城市、尤其是城市裏的工廠吸納著大批廉
價的農村青年男女苦力。影片用了一個疊化鏡頭作為轉場：一車垃圾傾瀉而
下，然後是人群洶湧湧進工廠大門的景象。這樣巨量的人群遷移和生存空間、
生活方式的改變，不僅牽涉到社會人口的規模性流動、行業布局改變和生產

市場波動，更涉及社會財富分配，以及由此產生的貧富階層矛盾和階級對立與衝突。

1930 年代是中國國內外政治、經濟、軍事、文化、思想和藝術諸多領域和層面產生重大變革和動盪的時代，更是國內階級矛盾和階級衝突成爲困擾當局和廣大民眾的全社會重大問題的時期。就世界範圍而言，左翼思潮和左翼運動是當時最時興的思想運動和社會運動之一；而對中國來說，本土化的左翼思潮很快從思想和文化領域進入社會領域，從思想革命急劇地過渡到社會革命。與農村凋敝、農民破產、大批農民湧入城市直接關聯的，是城市化在 1930 年代急劇發展的現象，按照庸俗社會學的既成說法，就是中國東南沿海城市的畸形發展。《天明》中的四個男女青年農民既是這種現象的受益者，更是受害者。作爲男性，張表哥和胖姐夫只能接受經濟剝削和隨之而來身份歧視乃至政治迫害；作爲女性，尤其是略有姿色的青年女子，譬如女主人公菱菱和她的堂姐還要遭受第三層剝削和壓迫，我稱之爲性剝削。

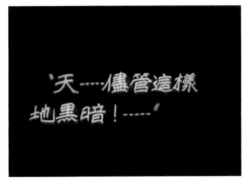 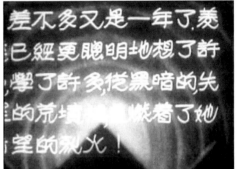

完全意義上的左翼電影和經典左翼電影，幾乎都要涉及性剝削和性壓迫這樣堪稱重大的社會現象和問題，譬如《火山情血》、《母性之光》、《新女性》、《神女》（後兩部影片均爲聯華影業公司 1934 年出品）和《桃李劫》（電通，1934）。事實上，對性剝削和性壓迫的反映，至少是左翼電影或者是具有左翼傾向的電影當中的一個關鍵元素〔註 2〕，《天明》中的女性人物形象就是如此。這類題材和元素的使用，在吳永剛編導、阮玲玉主演的《神女》中達到頂峰：

〔註 2〕性剝削和性壓迫在中國社會當中，從古至今都是指向女性，因爲就男女兩性而言，女性始終是弱勢群體。對於男主人公而言，他所經受的剝削和壓迫往往表現在經濟和政治層面；如果以階級性的觀點去讀解《風雲兒女》（電通影片公司1935 年出品），似乎可以得出男主人公遭到性剝削的結論。所以，所謂女權主義的理論和行爲意識，其生成和出現不是來自本土文化，而是來自西方。

女主人公最後的出路是以個體暴力對抗暴力，並取得徹底勝利——這是弱者反抗強者的唯一方式和手段，它的代價是自己的毀滅。在這個意義上，《天明》可以說是在左翼思想指導下，最早對性工作者給予正面理解和同情的現存影片文本。

不同的是，《天明》中女主人公所使用的反抗手段和依附的暴力集團行為，融入了強烈的道德激情和政治革命色彩。從表面上看，《天明》特意強調，在政治和經濟上壓迫和剝削工農階級的，是1927年國民政府成立之前的反動軍閥，但在1930年代中國社會激烈動蕩、各個集團黨派暴力較量的時代背景下，《天明》的暴力與暴力革命對象顯然指向當時正在走向獨裁的政府當局。因此，電影上映後就被列入「赤色影片」的名單[1] P267。實際上，這是名副其實的，因為電影檢查機關和影片編導都知道，影片設置的北伐背景不過是具有左翼傾向電影的慣用手法，《天明》批判和譴責的就是導致民不聊生的當下強權統治，宣傳和鼓動的就是被壓迫階級和弱勢群體的暴力反抗。藝術作品基本功能之一就是現實性，而對社會重大問題的即時反應，是包括左翼作品在內的衡量標準之一。

丙、《天明》：暴力、道德激情和階級意識的強力灌注

暴力、道德激情和階級意識，其實也是構成具有左翼傾向的和完全意義上的左翼電影的基本元素。在我看來，暴力是革命行為的具體展示，道德激情是政治化宣傳的倫理基礎，對階級意識和暴力意識的灌注是其最終目的。

在左翼電影當中，暴力基本上是弱勢群體抗爭的最高形式。譬如《天明》當中的正面人物，他們所得到的正常待遇就是被人欺侮、壓迫和剝削。（而要想維持正常的生存和發展空間，就只有使用依附群體式暴力的方式，這是左

翼電影不約而同指出的一條光明道路）。所以，男主人公張表哥被資本家欺負，他先是和保安奮力廝打，然後參加革命隊伍（北伐革命軍）；資本家對菱菱的欺侮還包括對肉體的強迫佔有，而對菱菱來說，她的抗爭一開始先是屬於女性傳統方式——以毒攻毒：作爲受害者，她被迫成爲性工作者，在報復社會的同時，救濟窮人、進而把生命獻給革命，從道德上救贖自己——這是左翼電影和《天明》的一個最有殺傷力和最具感染能量的殺手鐧，即動用道德激情伸張弱者正義、維護弱者的生存尊嚴。

　　《天明》的道德激情，在深層次上，是因爲資本家強暴菱菱觸犯了中國傳統道德的禁區，即對處女貞潔的剝奪。在中國的傳統文化觀念當中，處女之身是高於生命本身的一個象徵和歷史文化情結，（你不能拿今天的標準來衡量），因此惡人所犯下的這個罪行使他踏入道德雷區，嚴重侵犯了不僅是菱菱、也是觀眾的權利禁忌和道德尊嚴，所以他激起公憤是在所難免的，進而，啓動民眾對惡人所依屬階級的階級仇恨和階級反抗的宣傳功能也就順理成章。

　　在淺層次上，「趁人之危」的做惡方式，破壞了民眾共同遵守的道德戒律：這個惡人先是用酒把菱菱灌醉後強暴；然後惡人的手下又追到菱菱住處試圖再次施暴；最後，一個老賊又趁菱菱神智不清之際把她賣給妓院。這些都是能夠引發觀眾嚴重的道德危機和仇恨意識的方式和手段。而對不道德的譴責批判，最能滿足批判者的道德需求。明白了這一點你就明白，爲什麼左翼電影或者是具有左翼傾向電影，在中國普通民眾當中有那麼大的鼓動性和號召力。

　　另一方面，《天明》的道德激情，始終在道德觀念及其價值判斷上受到編導與觀眾共同的約束和支配。譬如菱菱成爲性工作者之後，既有花天酒地的

場面，又有她去窮人家裏給窮孩子們做飯、照顧病人、施捨錢財等鏡頭，儼然是訪貧問苦慰問團和慈善機構的做派。這種生硬的處理有損人物的藝術邏輯，但卻非常符合國人的倫理價值觀念：你得來的錢不是乾淨的，你就應當這樣積德行善、救贖自己。而當菱菱脫離妓院回來後，立刻安排菱菱堂姐行將去世的場景，這也是源出同理：因爲堂姐先是和資本家少爺有曖昧關係（被侮辱和被拋棄的關係），後來又在這個惡人的逼迫下把菱菱誘騙到酒店房間。

換言之，堂姐既然對菱菱的不幸負一定責任，（和「勸賭不勸嫖」的道德戒律類似），那麼就得安排一個死亡結局來進行孼債清欠。這裡需要強調的是，弱者的道德空間本來就比強者狹小，在強者一家獨大的專制統治下，除了統治階層本身，其餘社會群體都有邊緣化的危機意識和抗爭意識。因此，像《天明》一類的左翼電影中，經常出現的貧病交加和死亡場景，在激發觀眾的道德激情的同時，完成政治宣傳的情感互動：你看，菱菱就是被有錢人迫害以後才走入火坑的，堂姐的死也和有錢的壞人有直接關係。順理成章的結論就是：革命是勢在必行、理所當然的，因爲惡勢力欺人太甚。「民不畏死，奈何以死懼之」？

激發道德激情的最終目的是引發革命行爲的階級意識﹝註3﹞。1930年代，左翼電影或者是具有左翼傾向電影，都自覺或不自覺地向觀眾傳達或者宣揚階級意識、階級矛盾和階級鬥爭觀念。所謂自覺或不自覺，指的是並非所有

﹝註3﹞ 有研究者認爲：「在傳統的中國鄉村社會裏其實不存在所謂『階級意識』。因爲『中國農村的居民是按照群落和親族關係（如宗族成員、鄰居和村落），而不是按被剝削階級和剝削階級來看待他們自己的』（弗里德曼，畢克偉，賽爾登，中國鄉村，社會主義國家﹝M﹞，陶鶴山譯，北京：社會科學文獻出版社，2002：124）。不存在『階級意識』也就無所謂『階級話語』。『階級話語』是在中共改造鄉村社會的過程中出現的，是從外部嵌入到鄉村社會中的，這一過程始於中共在廣大鄉村社會推行的『土改』」﹝4﹞。

的左翼電影或者是具有左翼傾向電影全部都是出自共產黨人之手。中共在
1932 年正式成立「電影小組」，更多地介入電影製作，譬如一批有黨員身份和
背景的左翼人士加入「明星」的編劇委員會 [1] P201，《脂粉市場》和《姊妹花》
就是這種合作的產物，但卻屬於新市民電影類型。

　　相反，一些著名編導那時不是共產黨員，也沒有嚴密的組織背景，卻拍
攝了包括左翼經典電影在內的一批左翼電影，蔡楚生編導的《新女性》、吳
永剛的《神女》、孫瑜的《大路》(均爲聯華影業公司 1934 年出品)和應雲
衛導演的《桃李劫》(電通影片公司 1934 年出品)都是如此——當時許多編
導和演員願意投身進步的左翼文藝，就和製片公司追求市場利潤一樣正常和
自然。

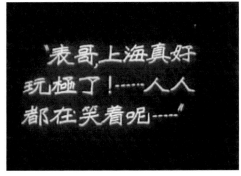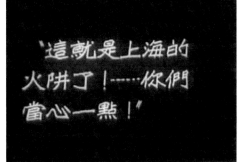

　　所謂自覺或不自覺宣揚階級意識，是說左翼思潮在當時是一種在世界範
圍內時興的、最新潮的思想，它和階級矛盾、階級鬥爭的現實存在相結合，
成爲引發社會性革命運動的一個道德基礎或者說是集體意識。而意識先於並
決定行爲。《天明》在這方面的意識培養不僅明顯，而且宣傳和鼓動直接明瞭、
通俗易懂，直接指斥當下。譬如有一組女主人公菱菱怒目圓睜、不斷振臂高
呼的鏡頭。口號曰：「天……儘管這樣地黑暗……；壓迫……儘管這樣地增
加……」，但「這樣才有革命！……；這樣才有天明……」(引者注：省略號
爲原字幕所有〔註4〕)。

───────────

〔註4〕影片中，女主人公菱菱動作誇張、高呼口號的鏡頭給現在的觀眾以強烈印象。
　　　這不應該成爲指責左翼電影的一個原因。1930 年代，當中國左翼思想和運動
　　　遭到政府當局的強力打壓，其信息載體和傳達受到嚴厲控制，口號這樣的即
　　　時信息表達和人際口頭傳播、(以及標語這樣的紙質短信有限傳播)，只能
　　　成爲弱勢階層最主要的、最有效的信息傳播手段和方式——現在人們可以慶
　　　幸，多虧有了互聯網 Internet，世界在信息共享和傳播表達上成爲一個平面：
　　　思想、文化與話語獨裁城堡終於被時代進步所打破、顛覆。

　　解除大眾痛苦的途徑是什麼？就是推翻壓迫大眾的階級；以怎樣的方式來達到和實現這個願望呢？就是革命。什麼樣的革命？《天明》明白地演示給觀眾：靠男朋友跟保安去打架、進行個體抗爭是不行的，靠自己拼命去花自己血淚掙來的錢去幫助下崗職工（勞苦大眾）也是不行的，只有參加武裝集團發起的暴力革命才能奏效。所以菱菱的男朋友張表哥投奔北伐軍、并最終領著隊伍打回來了——這樣才能結束這種黑暗統治現狀。

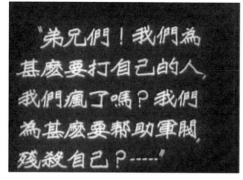 

丁、《天明》中的對比模式和藝術表現手法

　　貧富、善惡絕對對立，並以對立的方式來處理矛盾、區分人物、推動情節、決定故事的結局，這是左翼電影的一個顯著的藝術特徵。譬如好人和壞人，不僅其善與惡的內涵界限清晰明確，始終不變，外表容貌上也是嚴格界定，非常容易區分。惡少廠主一出場就是左擁右抱淫蕩形象，爲他後來的罪惡行爲奠定基調；紗廠工頭滿臉橫肉，從一開始就對菱菱心懷叵測；張表哥、胖姐夫等正面人物無不純潔善良。

　　《天明》中的這種對立還體現在類似手法的頻繁使用上：夜上海的繁華、資產階級的墮落與紗廠工人繁重的勞動和惡劣的生存環境；菱菱被強暴之後的悲慘處境與她和男朋友過去純潔戀情的大段閃回；革命軍的流血犧牲與十里洋場的花天酒地等。還有一個細節也是有意識的對比，惡少廠主兩次出現都擁抱著倆小姐，無非是表明有錢階層經濟資源和性資源的豐富，它和《脂粉市場》中兩個男資本家共享一個女下屬的情節恰好形成藝術形象的絕配。

　　在技術上，《天明》顯示了左翼電影明顯的進步性。它的鏡頭切換的頻率較高、短鏡頭增多、節奏相對加快，這既與主題的變化相關聯，（譬如「聯華」公司 1931 年出品《桃花泣血記》和《銀漢雙星》這樣的舊市民電影），也與「明星」公司 1933 年出品的左翼電影《春蠶》的節奏緩慢有很大區別。《天

明》的這個特點，從心理學角度去解釋是有依據的，它是男女主人公進城以後在精神上受到擠壓的一種外在體現。（鄉下人進城總是有點誠惶誠恐，眼花繚亂的景象直接導致內心的緊張和焦灼）。影片中景和遠景的運用，更好地表現了城市的繁華和宏大氣勢（磨損過多的黑白片效果可能不是很明顯），譬如反覆出現的上海繁華夜景：遊樂場（俯拍）、紛繁熱鬧的人群、東西交錯的人與車。

此外，鏡頭的循環和呼應也是有意為之：影片一開始，渡口的老頭就感慨天天有這麼多的人進城，當菱菱賣身謀生之後，同樣的鏡頭重複一遍，意味著又一批未來的菱菱們從鄉村走出；菱菱初次登船遠行，她對送行的小妹說「小玲笑一下」，而她最終走上刑場時，則一直堅持要求士兵在她微笑「最美的時候開槍」。

1930 年代具有左翼傾向的電影和左翼電影中，依然可以看出舊市民電影傳統模式的影響，譬如一些具備調節功能的人物和情節的有意識的加入。換言之，左翼電影在張揚激進特色、強化意識形態宣傳之時，並沒有忽略電影的娛樂和觀賞功能。譬如《天明》中安排的胖姐夫和他的「豬」式臺詞，韓蘭根扮演的滑稽角色（不革命時和當了革命軍後都很搞笑）；還有一組更有意思的鏡頭——特意展示菱菱豐腴性感的大腿，（當然這首先歸功於主演黎莉莉的天賦健美，而且黑白影像的效果更有魅力和想像空間）。說到底，這種調節是為影片最大的賣點服務——左翼意識、左翼行為和電影市場。

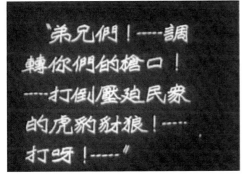

有研究者認為，《天明》前後部分割裂，前半部分近乎完美，後半部分「成了缺乏現實基礎的空想」，刑場一節更像「一場兒戲」[3] P331。這個意見是很深刻的，因為左翼電影或左翼色彩更多地注重意識宣傳，並沒有真正成為普通民眾的行為意識。但刑場「兒戲」在我看來，恰恰是《天明》的獨特之處，

它的曲折性和時長出乎觀眾的預料，因為按照一般的左翼電影的創作和表現模式，到了主人公微笑面對行刑隊的時候，就可以結束了，甚至當行刑隊長羅團長振臂高呼，要兄弟們掉轉槍口殺掉反動軍閥時，這也不出乎意料。

問題是弟兄們並沒有掉轉槍口，而且就在僵持當中，又加入了影片的第二次的大段閃回──菱菱和張表哥在鄉下劃著小船採菱角，中景，近景，長鏡頭，特寫，俯拍，最後兩人坐在小河邊嬉戲情話。然後就是在刑場上面對鏡頭長久的微笑，大家都一直等待著槍聲一響然後主人公完成道德救贖，找到一個完美的歸宿。槍響了，但倒下的卻是羅團長，之後又一段鋪墊，才是菱菱犧牲。

這場戲是顯得有點拖沓，但也並非一無是處：《天明》不斷地出人意料，首先，一再打破了人們的心理預期，使觀眾心存企望；其次，有意識的拉伸面對死亡情境的心理反應，迫使觀眾承受心理上的焦灼和不安，達到審美極限。對觀眾來說，對女主人公自己而言，都知道必有一死。而影片有意識的拉伸和延長，可以比較從容地進行道德層面的拷問，這種拷問既針對影片中的人物，譬如羅團長，也針對觀眾──雖然生活當中所遇之事，總得來說肯定比藝術作品所表現的還要出乎意料和不可思議，但卻只有藝術可以延遲、反覆和虛擬危難，而現實卻不能給你這樣的選擇。這就是藝術魅力的所在。

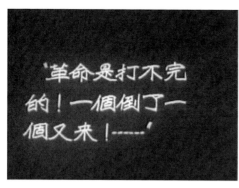

戊、多餘的話

子、左翼電影和有左翼傾的向電影，雖然在主題、題材和人物的處理和表現方面與舊市民電影有本質區別，但對傳統文化的審美意境上多有重合。譬如《天明》中那些對幸福時光的閃回片段，不由得使人聯想起「魚戲荷葉東」的古典藝術情趣。另外，左翼電影和新市民電影的創作主體既是新式知

識分子（包括留洋學生），觀眾主體也主要由青年學生構成。眞正的鄉村景象和鄉下生活未必受市場歡迎——《春蠶》上映後觀眾並不踴躍就是證明[3] P315。所以，《野玫瑰》中的王人美、《火山情血》和《天明》中的黎莉莉，都以身材健美取勝，大篇幅的 Body Show（《火山情血》的例證是酒吧的煽情熱舞，《天明》則是穿著 Longstockings 的大腿美腳特寫），這些都可以看作是對舊市民電影情色元素的繼承發揚。

　　丑、菱菱的表姐在紗廠資本家的指使下將菱菱誘騙到酒店吃飯，眾人把這個事情叫做「開會」。吃飯的人沒到齊，等待的人就抱怨說：「怎麼開會的人還沒有到？」菱菱飯桌上被灌醉後，資本家欲謀不軌，他便命令大家「散會」。顯然，這裡圍繞與會議有關的一系列詞語語義和使用方式，都在現代漢語中發生了很大變化。這個詞語應該來源於日語，在 1930 年代則是個時髦名詞——現在還是沒有發生什麼本質上的改變〔註 5〕。

　　　　　　　　　初稿時間：2004 年 3 月 31 日
　　　　　　　　　初稿錄入：饒頵璐
　　　　　　　　　二稿校改：2007 年 2 月 27 日
　　　　　　　　　三稿改定：2007 年 12 月 15 日
　　　　　　　　　校訂配圖：2014 年 12 月 28 日～31 日

〔註 5〕除了戊、多餘的話之外，本章作爲第 16 章收入《黑白膠片的文化時態——1922
　　　～1936 年中國早期電影現存文本讀解》前，曾以《左翼電影的道德激情、暴
　　　力意識和階級意識的體現與宣傳——以聯革影業公司 1933 年出品的左翼電影
　　　〈天明〉爲例》爲題，發表於 2008 年第 2 期《杭州師範大學學報》（雙月刊）；
　　　此次所用的閱讀指要用的是雜誌發表的內容提要。特此申明。

參考文獻：

〔1〕 程季華，中國電影發展史：第1卷〔M〕，北京：中國電影出版社，1963。

〔2〕 王人美，我的成名與不幸──王人美回憶錄〔M〕，解波，整理，北京：團結出版社，2007：86。

〔3〕 酈蘇元，胡菊彬，中國無聲電影史〔M〕，北京：中國電影出版社，1996。

〔4〕 紀程，「階級話語」對鄉村社會的嵌入──來自山東省臨沭縣的歷史回聲〔J〕，當代中國研究，2007，http://www.guancha.org//【凱迪網絡】凱迪社區＞貓眼看人http://www.kdnet.net///http://work.cat898.com/dispbbs.asp 抬 boardID=1&ID=1522582&page=1。

Representation and Publicity of Moral Passion，Sense of Violence and Social Class Awareness in the Left-Wing Films — A Case Study on Daybreak by Lian Hua Film Company in 1933

Abstract：*Daybreak*，stamped with the left-wing ideology, is the existing earliest film which conveys a positive understanding of and sympathy for the sex workers．The distinct feature of the film is that the heroine's resistance and violence combines with a strong moral passion and political revolutionary spirit. In depth, the fact that the capitalist raped Lingling is a deprivation of chastity, which falls into "the forbidden zone" of Chinese morality. On the surface, it is an act of wrongdoing by taking advantage of others' helpless situation, which offends the common moral disciplines. That is why left-wing films appealed to the public greatly．

Key words：left-wing film；disadvantaged group；sex exploitation；moral passion；violence；sex worker；mode；

第陸章 階級意識、血統論的先行植入與人性的挖掘和遮蔽——《母性之光》(1933年)：完全意義上的左翼電影樣本讀解之二

閱讀指要：

　　慧英雖然改嫁，但卻沒有改變她的階級本性，所以當資產階級的丈夫試圖把她和女兒帶走的時候，慧英堅定地留在了無產階級的原配丈夫一邊。兩代女性的去留與否，表面上看，是屬於「親不親、一家人」在倫理層面的自然歸屬，但在影片對此所做的社會屬性認定和劃分上，卻是左翼思想「親不親、階級分」邏輯運作的必然結果。與其說左翼電影是著力於單純的意識形態解讀和政治宣傳，其實不如說是同時迎合、滿足了電影市場及其觀眾對新理念、新思想和新人物的渴望和需求，譬如《母性之光》實際上是將剛剛興起階級、階級對立和階級鬥爭觀念與行為意識，套用舊市民電影常用的家庭婚姻敘事模式予以個案重演和主題置換，結果自然是標新立異、具有新鮮的時代氣息：它的演繹未必符合歷史真實，但卻收到思想傳播和電影市場一石二鳥的效果。

關鍵詞：左翼電影；階級性；宣傳性；血統論；人性；生活真實；流行元素

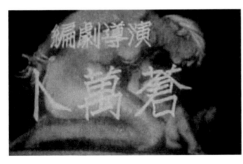

專業鏈接 1：《母性之光》（故事片，黑白，無聲），聯華影業公司第一製片廠
1933 年出品。VCD（雙碟），時長 93 分鐘。

》》》【原作：田漢】；**編劇、導演：卜萬蒼；攝影：黃紹芬**。

》》》主演：金焰、黎灼灼、陳燕燕、魯史、談瑛。

專業鏈接 2：原片片頭字幕及演職員表字幕（標點符號為錄入者添加）

《母性之光》。

聯華影業公司出品。

第一製片廠攝製。

監製：羅明祐；

製片主任：黎民偉；

攝影：黃紹芬；

布景：吳永剛；

作曲：任光。

編劇、導演：卜萬蒼。

演員表：

家瑚——金焰，

慧英——黎灼灼，

小梅——陳燕燕，

寄梅——魯史，

黃曉山——李君磐，

黃書麟——何非光，

陳碧莉——談瑛，

劉大魁——劉繼群，

韓君侯——韓蘭根，

殷偉哉——殷秀岑。

專業鏈接 3：影片鏡頭統計

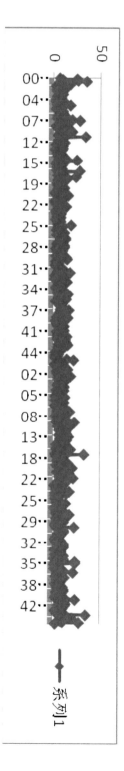

說明：《母性之光》全片時長92分9秒，共647個鏡頭。其中：

甲、小於和等於5秒的鏡頭202個，大於5秒、小於和等於10秒的鏡頭281個，大於10秒、小於和等於15秒的鏡頭112個，大於15秒、小於和等於20秒的鏡頭29個，大於20秒、小於和等於25秒的鏡頭12個，大於25秒、小於和等於30秒的鏡頭3個，大於30秒、小於和等於35秒的鏡頭4個，大於35秒、小於和等於40秒的鏡頭0個。

乙、片頭鏡頭4個，片尾鏡頭1個；字幕鏡頭138個；其中交代劇情的鏡頭8個，交代人物鏡頭0個，對話鏡頭130個。

丙、固定鏡頭421個，運動鏡頭90個。

丁、遠景鏡頭19個，全景鏡頭45個，中景鏡頭171個，近景鏡頭147個，特寫鏡頭123個。

（數據統計與圖表製作：李槑雄，核實：劉曉琳）

專業鏈結4：影片觀賞推薦指數：★★★☆☆

甲、前面的話

《母性之光》公映後30年，大陸一本以資料和索引見長的電影史著作把它稱之為「運用階級觀點」創作的左翼電影[1] P263。這是因為，在影片出品的1930年代，以階級性和階級立場指導藝術創作是新興的左翼文藝的重要特徵，而在中國大陸評價影片的1960年代，它已經成為評判藝術作品的唯一的標準與分析方式了〔註1〕。當然，最終確定影片左翼電影性質的，還是影片的

〔註1〕在我看來，還有另一個重要原因，就是影片的編劇是當時知名的左翼人士田漢（1898～1968），他和聶耳（1911～1935）分別為影片中的插曲《開礦歌》作詞譜曲，當時兩人都是剛加入中共的新黨員。田漢1932年入黨，監誓人是中國共產黨歷史上的第三位總書記瞿秋白；聶耳則是在拍攝《母性之光》期間的1933年入黨的，介紹人是另一位知名左翼人士夏衍，地點就在聯華影業公司第一製片廠的一個攝影棚[2]。眾所周知，兩人合作為電影《風雲兒女》（電通影片公司1935年出品）創作的插曲《義勇軍進行曲》，後來成為1949年建立的中華人民共和國的「代國歌」。

內容和表現——這要歸功於非共產黨員出身的導演卜萬蒼（1903～1974），作爲聯華影業公司初期與孫瑜齊名的資深導演之一〔註2〕，卜萬蒼忠實、完整地體現了原作的左翼文藝精神氣質。

有關資料顯示，《母性之光》是一個部分有聲片，其插曲《開礦歌》開創了「30年代革命電影歌曲的先聲」[1] P265，可實際上，我看到的片子始終無聲無息；還有一個沒有想到的地方，就是根據介紹，影片最後是陳燕燕扮演的小梅抱著病死的孩子登臺演唱，在觀眾的同情和悲憤中，幕布緩緩落下[1] P263，但我也同樣沒有看到這個特意介紹的情節。然而，這些都無關宏旨。《母性之光》顯然是一個完全意義上的左翼電影，並且始終受到當時電影市場商業模式化製作的制約。

乙、《母性之光》的階級性和左翼電影市場定位

對階級性的強調是所有左翼電影最主要的特徵之一。在《母性之光》中，有兩個明顯對立的階級，即資產階級（也可以叫不革命的階級、落後階級或曰反革命的階級）和與之相對應和對立的無產階級（先進的、革命的階級）。實際上，影片形象、直觀地體現、規定出兩個階級在自然屬性和社會屬性上的不同本質。

資產階級唯利是圖、道德淪喪，譬如女主人公慧英後來改嫁的那個資產階級的丈夫，他對慧英帶來的女兒、有演唱天賦和商業市場前景的小梅，不是當作一個孩子來看待，而是當作追逐名利的機器，或者就是 MONEY 本身。

〔註2〕 現在公眾能看到的卜萬蒼的現存作品是《桃花泣血記》和《一翦梅》，均爲聯華影業公司1931年出品的舊市民電影；孫瑜現存作品爲1932年的《野玫瑰》、《火山情血》和1933年的《天明》、《小玩意》，都屬於左翼電影。在併入「聯華」公司之前，卜萬蒼和孫瑜都是（「聯華」前身）民新影片公司的主力導演。

所謂階級的自然屬性，就像影片中展示的那樣，資產階級老爺所生下的兒子，自然是資產階級少爺，所以老爺剝削無產階級，自然少爺也會；同理，少爺是對待女性是見異思遷、拈花惹草，老爺的道德品質也同樣低下。

譬如小梅的丈夫和公公，像驅使奴隸一樣逼迫手下的礦工在南洋的炎炎烈日下幹活，瘋狂榨取無產階級的剩餘價值；少爺有了新歡，加上小梅生了一個女兒，老爺和少爺便合謀拋棄了小梅母女。也就是說，在資產階級眼裏，雖說是親生女兒但不要也罷，（如果是兒子還可能會牽扯到遺產繼承或者家族香火傳承），而女性則沒有什麼回報價值和經濟效益。

而革命者或無產階級身上所體現出來的優秀品質無不讓人肅然起敬，譬如小梅的生身父親、慧英的前夫家瑚，為了天下廣大受苦群眾的利益和幸福不惜離開妻女，常年在外奔波，回國之後也不以革命前輩自居，還要去辦貧民托兒所，繼續為民眾謀福利；小梅之所以嫁給一個資產階級少爺，就是受了資產階級繼父的蠱惑；但與生身父親相認以後，小梅不僅能自覺地認同父親的階級立場，而且全身心地投入到共同的革命事業當中；小梅的生身母親慧英，雖然迫於生存改嫁，但卻沒有改變她的階級本性和革命品質，所以當那個資產階級的丈夫試圖把她和小梅以及小梅的女兒帶走的時候，慧英堅定地留在了無產階級的原配丈夫一邊。

母女兩代的抉擇，表面上看，是屬於「親不親、一家人」在倫理層面的自然歸屬，即「母性之光」，但在影片《母性之光》對此進行的社會屬性認定和劃分上，卻是左翼思想「親不親、階級分」的邏輯運作的必然結果。因此，資產階級的自然屬性和社會屬性就是道德、倫理上的墮落和經濟上的貪婪，對有用的人包括自己的繼女都可以極力榨取她的價值，而無產階級譬如小梅父女，都能「先天下之憂而憂，後天下之樂而樂」，捨小家為大家，小梅寧可自己的孩子病死，也要為托兒所的窮孩子們籌措經費去開演唱會。《母性之光》

對人物階級性的先行因果邏輯設置，從一開始就取消了觀眾對此予以倫理定位和質疑的基礎。

在我看來，1933 年興盛的中國左翼電影、或者說《母性之光》的第二個主要特徵，就是對左翼思想尤其是對現實政治指向意義的宣傳性（或曰鼓動性）的強調，是建立在電影市場商業定位的基礎之上的，其具體體現，就是影片的賣點、亮點和看點。

所謂的賣點，就是說左翼電影的政治宣教，實際上是同時基於影片的市場考慮，體現在具體影片當中就是思想上、觀念上和藝術上的求新精神，因為這也是藝術創作和審美層面共通的天性。在 1930 年代，電影作為一個最大眾化的文化消費，在思想、藝術乃至技術手段（譬如有聲電影）領域但凡有點新的東西，都是可以拓展市場空間的賣點。左翼電影及時把握住了這一點。

因此，與其說左翼電影是著力於單純的意識形態解讀和政治宣傳，其實不如說是同時迎合、滿足了電影市場及其觀眾對新理念、新思想和新人物的渴望和需求，譬如《母性之光》實際上是將剛剛興起階級、階級對立和階級鬥爭觀念與行為意識，套用舊市民電影常用的家庭婚姻敘事模式，予以主題置換後的個案重演，結果自然是標新立異、具有新鮮的時代氣息：它的演繹未必符合歷史真實〔註 3〕，但卻收到思想傳播和電影市場一石二鳥的效果。

亮點指的是，在左翼電影當中，其思想、人物和行為意識，有許多不同於世俗偏見和主流意識的地方，（無論在當時還是現在，觀眾都可以從中發現許多反強權和反世俗的、反主流意識和價值觀念的結構性元素）。譬如《母性

〔註 3〕 研究者指出：「《母性之光》在表現階級衝突時有誇大失真之處，在表現南洋礦區情景時便是如此。……對於這樣一段不合情理的描寫，連作為左翼影評人士的石凌鶴也發出了『工頭鞭打工人，也太誇張』的慨歎。其實，田漢始終沒有去過南洋，他只能以想像的外在化的手法表現南洋礦區勞資雙方的矛盾」[3]。

之光》當中，你可以看到它對金錢壓迫和金錢意識的反抗。一個最突出的例子就是，當小梅和她的資產階級丈夫離婚的時候，律師問小梅，你要多少錢？小梅說我不要錢，其實這句話就是說，我們無產階級不要錢，那麼要什麼？「我只要我的孩子」〔註4〕。

又譬如反抗強權，男主人公家瑚因為投身革命出逃南洋，經歷了那麼多苦難，被資本家剝削成那個樣子，但是回來後依然不屈不撓，鼓勵女兒走出自己的路、鼓勵前妻要做一個好人，自己更是積極投身大眾福利事業、辦貧民托兒所，這都是對社會強勢階層及其主流意識的一種反抗〔註5〕。

以往對左翼電影的研究多側重其思想性、宣傳性和政黨意識形態的鼓動性上，雖多有偏頗但也倒不是全然錯誤。然而，在 1930 年代中國電影歷史的語境中，這些都可以還原解讀為在電影市場和商業經濟制約下影片敘事策略的原動力，譬如《母性之光》所有的情節都是由此來進行編織和呈現的；換言之，左翼電影及其人物形象旺盛的生命力就來自於它的思想性、宣傳性和鼓動性上。這樣的人物、這樣的行為意識和當下效應，是在當時其他類型的電影當中缺失或根本看不到的，也沒有如此這樣地放置在一個重點中心位置，將其突出出來，這是左翼電影的一大看點，也是左翼電影迅速進入市場、成功躋身主流電影的一個重要原因。

〔註 4〕 這樣的句式和理念表達在 1949 年以後的中國大陸電影中類似的場景和選擇所在多見，譬如資產階級往往會陰險地說，我給你錢。革命人物就會響亮的回答說，呸！收起你的臭錢——1930 年代的中國左翼電影和 1949 年以後大陸的電影，從一個偏狹的角度上，始終存在著內在的思想、文化、和藝術邏輯關係，在特定意義上更有著直接的歷史繼承和基因傳遞關係。

〔註 5〕 譬如他為什麼不去利用前妻的關係、利用自己女婿和女婿家族的關係去為自己謀點福利呢？去資產階級陣營中做一個沾親帶故的 CEO 行不行？對看慣了陳腐的老爺太太少爺小姐從此幸福或不幸的舊市民電影的觀眾而言，這既是反世俗、反強權、反金錢意識的地方，也是包括《母性之光》在內的左翼電影的亮點所在。

　　它既觸動了民眾，也觸動了政府當局：影片在廣州上映的第三天，就被地方「社會局」以「內容尚多欠妥」為由禁映[1] P265；但即使如此，也擋不住像明星影片公司這樣的大公司，在其出品的新市民電影中夾帶裹挾左翼思想元素（譬如《姊妹花》，1933年出品）並獲得高票房回報，更擋不住像月明影片公司這樣的小公司去跟風製作（譬如《惡鄰》，1933年出品）。

丙、《母性之光》：人性的挖掘與遮蔽

　　1930年代，中國左翼電影在人性的挖掘上值得注意，既不能像以往大陸電影史研究那樣粗暴地肯定，也不能以當下角度簡單地否定：左翼電影在某種程度上是深刻的，但同時有著與生俱來的、不可避免的片面性，譬如對人性遮蔽的一面。

子、革命性決定的人性

　　男主人公家瑚的精神動力和美好理想，是「願為天上的雲放棄地上的路，願為夢中的生捨棄現實中的死」。這個男人為了崇高的理想苦苦奮鬥多年，沒有正常的家庭生活和物質享受，犧牲了一個正常男人應該有的一切，愛情、家庭、妻子……，當然最後影片又安排他們全家重新團聚。不可否認，這是一個高尚的人、一個脫離了低級趣味的人。這種犧牲和奉獻、意識和行為是對人性的一種挖掘和體現，因為這種犧牲性在每一個人身上，在共同的人性上都是存在的。只不過有些人終生不會體現或很少動用這樣的犧牲性，當了一輩子寄生蟲，有些人終生都在無私地奉獻，而基本沒有享用世俗幸福的權利。

　　但影片對這個人物的塑造和人性刻畫，有一個革命性的限定。明白了這一點，就會明白，為什麼這個男人從南洋回來後，再見到他的前妻時，甚至都沒有起碼的敘事鋪墊，居然說「我很忙」。表面上看起來，這是個非人性的行為意識、非常規的動作表現，但你得承認，左翼電影挖掘出了人性的複雜

和深邃。因為就是有這樣的人：為了偉大的、神聖的和他所信仰的東西（理想、事業），而奉獻自己、犧牲包括自己生命的一切。這種人叫英雄。

丑、人性的遮蔽

英雄與都是俗人的普通人，本來在精神層面和行為意識上都有很大差異，況且在這裡還有一個革命性的限定。所以，家瑚不僅沒有時間和前妻敘舊，見了女兒也沒有相認，還讓前妻給女兒捎話，讓她不要只為資產階級歌唱，要為勞動人民歌唱。這個要求對不對？符合不符合正常人性？在一定程度上可以是這樣的，在現實當中就是存在著這樣的人和事。也就是說，在左翼電影《母性之光》中，所體現出來的複雜人性，一方面取得了深入開掘的成績，但另一方面又被政治性也就是革命性所束縛和限定。

正是由於左翼電影當中的革命性或政治性對人性如此的限定，引發了對人性的遮蔽和一定程度上的扭曲。反映在左翼電影譬如《母性之光》中，你可以稱之為藝術上的浪漫、現實中的不現實、或者是青年藝術家率真的、半行為意識的藝術創作；說得再具體一點，創作者可以在作品當中配置這種藝術的設定，表現這種浪漫的行為意識和人物形象，但是在現實生活中，卻未必可以像電影那樣如此實踐：意識和行為所形成的分裂造成了對人性的遮蔽。

在這個意義上說，遮蔽的結果就是反人性的。譬如家瑚回來見到了前妻慧英，就教育她說你不要老想著自己的孩子，要看到還有千千萬萬的孩子在受苦，這樣的表述，無論從父親還是從男性的角度，他所表現出來的人性都是不完整的，對革命性和政治性的突出和強化，干擾和屏蔽了人性的正常狀態〔註6〕。

〔註 6〕 在 1949 年以後，大陸電影中的英雄人物，其人性進一步被比階級性更為狹窄專一的黨性所覆蓋和取代，尤其是 1966～1976 年大陸「文革」時期電影當中人物形象塑造上取消人性的表現，譬如女人像男人一樣，男人像磚頭或螺絲釘一樣。事實上 1949 年以後大陸文藝作品和新聞報導中，就一直塑造和樹立許多這樣榜樣——也就是說這樣的人物與行為，在 1930 年代左翼電影當中就已經存在。

寅、血統論

血統論的通俗表達就是「龍生龍，鳳生鳳，老鼠的兒子會打洞」，強調社會成員的血緣關係和家族遺傳，其生成的背景，是中國封閉的傳統社會和文化、生活環境〔註7〕。在《母性之光》這樣的左翼電影中，它是 30 多年後摻入巨量政治成分、影響中國大陸全社會的「血統論」思想的先聲。譬如在影片中，你會發現這樣的事實：當無產階級的革命者家瑚離開家庭的時候，留下一個半革命的妻子和一個還不知道革命性的女兒，所謂的半革命性，指的是慧英改嫁給一個資產階級知識分子，（這是革命性不堅定和不完全的表現）；所謂還不知道革命性，是因為女兒那時候還小，而在女兒成長過程中沒有無產階級的爸爸在身邊，所以女兒也和母親一樣走了一段彎路，也嫁給了一個資產階級成員。當然最後母女倆又重新回到了革命的道路上來，也就意味著回到革命者身邊來：龍歸龍，鳳歸鳳；「革命自有後來人」。

所以，當女兒小梅覺悟（回歸生父身邊）以後，她的革命性比母親慧英還要強烈，譬如她給窮人的孩子辦幼兒園，實際上是全身心地照顧他們，連自己的女兒病危都不知道。是什麼決定了她如此的表現？是革命者父親的教育嗎？可能是，因為後來他們又重新生活在一起。但又不是，為什麼？

在女兒小梅的成長過程中，父親實際上是缺失的，一直到她婚後被丈夫拋棄回國後，小梅才知道自己還有一個生身父親，觀眾在影片中沒有見到這個生身父親對她有什麼思想培養和感化的情節──除了指示。那麼，是什麼使她具備了強烈的、自覺的革命意識和革命行為？是血統。因為父親是革命者，所以他的妻女自然就具備革命者的天性。

──────────

〔註7〕 1949 年後，隨著大陸「階級鬥爭滲入整個社會生活，階級觀點逐步滲透到社會生活的各個層面」，到 1966～1976 年「文革」時期達到頂峰，對此的通俗表述是一副對聯：老子英雄兒好漢，老子英雄兒混蛋，橫批：基本如此 [4]。

　　《母性之光》對此做了一個反證：小梅嫁給那個南洋少爺，因爲少爺是老爺的兒子，所以都有資產階級共有的本性或曰天性；因此，少爺和小梅所生的那個女兒，身上就具有資產階級先天就有的毒性——梅毒，所以，影片就沒有安排那個小朋友活下來。這種處理手法，與生活眞實和醫學知識沒有關係，而與影片的創作思想和階級意識有著直接的關係。是編導不讓那個孩子活下來，這就是所謂的血統論〔註8〕。

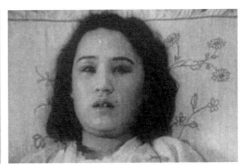

丁、犧牲生活眞實與市場性：優劣共存的左翼電影模式

子、犧牲生活真實

　　左翼電影的通病之一就是主題先行、思想大於形象，這往往會導致其作品不惜犧牲生活眞實、扭曲人物邏輯、損壞人物形象。譬如《母性之光》當中，家瑚回來以後，與前妻、女兒基本上沒有什麼瓜葛。最讓人不理解的是女兒出嫁時也沒有見他有過什麼表示。這是違反一般常理的，因爲即使對他妻子改嫁（改嫁也是生活所迫）有所不滿（這是眞實人性的流露），所以和她沒有什麼瓜葛（拒絕投懷送抱的懺悔？），但對女兒的態度除了革命性的教育之外，卻沒有親情的流露，這就有些說不過去，（儘管女兒小梅曾一度以爲他是母親的情人）。違反生活眞實的處理，無非是爲了用革命性，生硬地把主人公人性的地方割捨掉〔註9〕。

〔註8〕　否則的話，如果這個孩子長大了，你說他是資產階級的孩子還是革命者的孩子？
　　　　（1949年後的大陸現實證明，這類孩子一生的命運和生活極其坎坷和不幸）。
　　　　所以，《母性之光》最讓人吃驚的地方，就是可以看到，30年後風行中國大陸
　　　　的血統論在左翼電影當中實際上已經根深葉茂。這是一個源與流的問題。
〔註9〕　還有一個細節讓人摸不著頭腦，慧英嫁的那個資產階級丈夫爲何那麼委瑣，
　　　　自己花天酒地，慧英要去南洋照顧產後生病的女兒小梅，他不僅出不起路費，
　　　　居然還安排慧英去找前夫要；而家瑚則毅然表示說，我當點東西就把錢給你
　　　　湊出來了。這樣的男人眞是讓人肅然起敬。

　　這樣違反生活常識的情節設置並非弱智，而是為了突出和強調革命者的優秀品質，也就是說影片為了思想性而犧牲了真實性。類似的例子，就是當慧英到南洋把女兒小梅和小梅的孩子帶回來後，三個女人一起湧到家瑚的宿舍，強烈要求留下來。家瑚居然說你回去吧，我的宿舍不讓你住。他為什麼拒絕這三個和他有包括血緣在內親密關係的女人呢？人性上是說不通的，也就是說一個男人非要把自己的愛人和血親趕到另一個男人那裡去，而另外一個男人（資產階級丈夫）又很及時地推開了房門走進來說，慧英跟我回去吧，這是為什麼呢？家瑚從事的又不是風險極大的反政府的暴力活動〔註10〕。

　　這些自相矛盾、違反生活真實的處理，其實是為小梅女兒的死亡做政治性鋪墊，這小朋友如果死在家裏只能是個體性原因，死在幼兒園則更有社會宣傳效應，而這恰恰是影片特意設計的高潮：在幼兒園籌集經費的演唱會上，前資產階級流行歌手、現在是無產階級歌唱家的小梅登臺控訴：「孩子，你也別怨你的爸，別恨你的娘！你要恨那吃人不見血的大魔王！大家來打倒那大魔王，讓黑暗中的孩子們看見陽光，讓貧苦的孩子們得到教養」——這筆血債直接指向現行社會體制。

丑、左翼電影的市場性

　　以往的研究者一直注意強調左翼電影廣泛的社會影響、很大的市場、很高的票房案例，也提到資產階級生產廠家出於利益的需求把左翼人士拉入自

〔註10〕熟悉 1949 年後大陸革命電影的人一般會猜測，家瑚大概是在秘密製造炸彈或印刷抗日反蔣宣傳品什麼的，隨時有生命危險，出於強烈的愛才拒絕妻子的回歸。可是後來觀眾發現他只是在辦一個屬於慈善性質的貧民幼兒園，這就讓人不可思議：幼兒園也需要這些女人啊。事實上也正是如此：他接收了這三個女人後，外孫女是幼兒園成員，女兒當阿姨，前妻成了幼兒園的助理，他做園長。

己的電影生產線，讓他們做編、導、演[1] P182，但很少有人注意和提及，1930 年代的中國左翼電影和左翼編導之所以受到認可和追捧，是因為他們的產品（作品）有著強烈的市場效益和經濟價值。

就中國電影史的發展來看，1920 年代興盛的舊市民電影在 1930 年代初期，被新興的左翼電影和新市民電影所取代；就左翼電影的生成而言，1930 年代的歷史和文化背景是雅、俗文化互相滲透、相互取長補短，舊文學（舊電影）或曰俗文化當中的流行元素和極具反響效應的大眾化的藝術表現手段，被以思想性、宣傳性見長的左翼電影及時地吸收，用於取悅、吸引觀眾，提升票房、拓展市場。在這一點上，左翼編導演和製片商是不謀而謀的。

譬如流行元素的使用和參與，在《母性之光》當中，為了擴大影片人物的社會影響力，除了給男主人公設定一個時髦的礦工（無產階級）身份之外，還給主人公的女兒小梅配置了流行歌星的硬件，小梅的丈夫則以南洋闊少（資產階級）的面目出現，借助少爺的婚外戀將舞女（談瑛扮演）的大腿舞自然呈現。換言之，左翼電影實際上對流行元素是來者不拒，這個道理很簡單，因為光有宣傳和思想是不能有效佔有電影這個大眾性市場的，只有這二者有機地結合起來才能修成正果〔註11〕。

其次，左翼電影的思想性和進步性，並不妨礙其表現方式和手法的靈活多樣。譬如在《母性之光》裏你會發現，糾纏在歌星小梅身邊的不僅有來自南洋好色的資產階級黃少爺，還有三個長得歪瓜劣棗但卻誠懇好色的男人（劉

〔註11〕　傳統電影史一再斥責說，在 1930 年代有「軟性電影」猖狂地向黨進攻，向左翼電影反撲[1] P395～412。「軟性電影」最大的特點就是大腿舞。我推測當時放映《母性之光》時，譬如小梅在唱《春之戀》那一段，以及性感女星談瑛扮演的陳碧莉小姐在高歌勁舞時，應該是有現場蠟盤配音播放的，這樣觀眾才看得比較舒服，要不然只看走光就沒有意思了。

繼群、韓蘭根、殷秀岑飾演），自始至終追隨不已，他們的名言是：富人的東西得到了，他們很快就會丟掉的──那就該輪到咱們揀便宜了，（這樣的追求精神是值得肯定的，因爲超出了一般人的勇氣）。而這三個角色無疑從一開始就沒有打算給他們配上沉重的、所謂的政治要求和思想準則，純粹是爲了調節影片的節奏和氣氛，結果一個本來很嚴肅的主題基調，這三個人一出來就搞笑不已。這樣的正反諧手法的運用，其實也是左翼電影對舊市民電影傳統中喜劇元素的繼承。

再次，三角愛情關係的設置。《母性之光》當中，男主人公、前妻和前妻的丈夫關係格局就是如此。有意思的是片中人物的站位造型，就是前夫（革命者）在左，資產階級丈夫靠右，可憐無助的女人居中。這種構圖考慮和效果，既和舊市民電影、大眾通俗文化慣用的手法有關，但又有強烈的、鮮明的左翼色彩〔註 12〕。

戊、結語

左翼電影和新市民電影有一個共通的地方，就是相對於舊市民電影，它們都很注重時代氛圍營造和新鮮信息的傳達。譬如《母性之光》和《脂粉市場》（明星影片公司 1933 年出品），都有通過翻動日曆的細節來顯示文本當下時間的場景。《母性之光》中，小梅嫁到南洋之後，她的丈夫移情別戀，日曆使用了疊的電影特技，（兩個人吵架時，出現了三次日曆的疊化），其時間是民國二十二年，也就是影片上映時的公曆 1933 年，這也是爲影片的當下性和時效性服務的。

〔註 12〕 4 年之後，著名左翼編劇夏衍寫過一個劇本《上海屋簷下》（1937），其人物關係就是類似的三角關係：一個革命者出去了好多年，回來之後發現，老婆嫁給了他當年託付照料的一個男人，然後三個人只能住在一個房間裏──故事就此展開。

己、多餘的話

子、當主人公為了革命而離家出走的時候，有一場夫妻相擁告別的戲，鏡頭不拍上面卻只給腿部（女人踮起腳來），有種含蓄的美。扮演男主人公的金焰是 1930 年代著名電影明星，他是那個年代電影屏幕上最有魅力的男人之一，尤其那滿臉胡荏，雄性十足，（男人也是愛同性的，所謂「惺惺相惜」就是這個意思，譬如梁山泊好漢相互都是久聞大名）。

丑、《母性之光》有著跨時空的人生經驗教訓可以汲取：對未婚者來說，婚姻大事要聽父母的意見，你不聽的後果，就會像小梅那樣上大當吃大虧；對於已婚者而言，這個電影告訴大家，原配夫妻是最好的（這與階級性無關）〔註13〕。

初稿時間：2006 年 12 月 22 日
初稿錄入：李振營
二稿校改：2007 年 3 月 7 日
三稿改定：2007 年 12 月 22 日
校訂配圖：2015 年 1 月 1 日～2 日

〔註13〕除了多餘的話，本章的主體部分曾以《20 世紀 30 年代中國電影市場和商業製作模式制約下的左翼電影——以〈母性之光〉為例》為題，發表於 2008 年第 4 期《杭州師範大學學報》（雙月刊）；作為第 17 章收入《黑白膠片的文化形態——1922～1936 年中國早期電影現存文本讀解》一書時，丙（《母性之光》：人性的挖掘與遮蔽）結尾處的黑體字，以及原注釋 6、7、8、參考文獻〔2〕和〔3〕（即黑體字部分）均被刪除。閱讀指要是原成書版和雜誌版內容提要的合成。特此申明。

參考文獻：

〔1〕程季華，中國電影發展史：第1卷〔M〕，北京：中國電影出版社，1963。

〔2〕田漢與聶耳的交往
http://cache.baidu.com/c　　　　　　　　　　　　　　　抬
word=%CC%EF%3B%BA%BA%3B%C8%EB%B5%B3&url=http%3A//
www%2Eyuxi%2Egov%2Ecn/culture/xxxs%5Fgy%2Easp%3Fid%3D200
30429111848&p=903dc64ad5c814f008e2947a155fa5&user=baidu）

〔3〕酈蘇元，胡菊彬，中國無聲電影史〔M〕，北京：中國電影出版社，1996：319-320。

〔4〕田申，荒唐的血統論〔J〕，北大史學論壇【中國歷史重大問題評析】
//http://www.hist.pku.edu.cn/club/dispbbs.asp 抬 boardid=38&id=15801，
2007-1-1　21:17:04。

Left-wing Films Produced by Commercial Operation in 1930s' Chinese Film Market — A Case Study on Mother's Love in 1933

Abstract: Left-wing films not only focus on ideology and political propaganda, but also satisfy the demand that audience at that time pursued new horizon, new idea, and new character. *Mother's Love* described the new conception and behavior awareness about social class, class opposition, and class struggle with traditional citizen film approach whose narrative subject is often based on family and marriage. By this way, the film appeared differential and full of fresh air in new times. The film achieved both broadcasting new ideas and developing new market even though the story was not necessarily true.

Key Words: left-wing film; theory of social class; theory of propaganda; theory of bloodline; human nature; life reality; fashion element

第柒章　民族主義立場的激進表達和藝術感染力的超常發揮——《小玩意》（1933年）：完全意義上的左翼電影樣本讀解之三

閱讀指要：

　　孫瑜不僅是中國左翼電影的濫觴者、開創者，以及最高代表之一，而且，他和他的作品為 1930 年代中國左翼電影在整體性質、表現模式和藝術風格上提供了典型性範本。中國民族經濟實力的增強、反強權和抗日救亡理念的傳播，構成《小玩意》中激進的民族主義立場的主要來源。「大嫂」的稱謂在當時更多的是強調女性的已婚身份。阮玲玉飾演的這個人物放在現今就是「熟女」，即一個很招男人的性感成熟女人。但在影片的前半部分，阮玲玉的演繹和表現無法完全到位，帶有濃重的舊市民電影模式痕迹。影片後半部分具有強大的藝術感染力，「母子相見」和「情人相見」這兩場戲的處理讓人難以忘懷，人物性格與主演阮玲玉個性氣質的合二為一：這是左翼電影強大的藝術感染力得以成功迸發的經典範例。

關鍵詞：孫瑜：左翼電影：民族主義：激進：阮玲玉：

專業鏈接 1：《小玩意》（故事片，黑白，無聲），聯華影業公司 1933 年出品。
VCD（雙碟），時長 103 分鐘。

　　〉〉〉 **編劇、導演**：孫瑜；**攝影**：周克。

　　〉〉〉 **主演**：阮玲玉、黎莉莉、袁叢美、湯天繡、劉繼群。

專業鏈接 2：VCD 版片頭字幕及演職員表字幕（標點符號爲錄入者添加）

　　資料影片。

　　中國電影資料館複製收藏，長春電影製片廠洗印；中國電影資料館監製。

　　《小玩意》。Toys。

　　聯華影業公司出品，第二製片廠攝製。Lianhua Film Company Presents。

　　編導：孫瑜；Written and Directed by Sun Yu；

　　監製：羅明祐；製片主任：陸涵章；

　　攝像：周克；Director of Photography Zhou Ke；

　　布景：方沛霖。

　　演員表：Cast：

　　　　葉大嫂——阮玲玉，

　　　　珠　兒——黎莉莉，

　　　　袁　璞——袁叢美，

　　　　阿　勇——羅　明，

　　　　富　嬬——湯天繡，

　　　　老　葉——劉繼群，

　　　　螳螂幹——韓蘭根，

　　　　老　趙——趙　崖。

　　　　Ruan Lingyu，as Sister；Li Lili，as Zhu'er。

專業鏈接 3：影片鏡頭統計

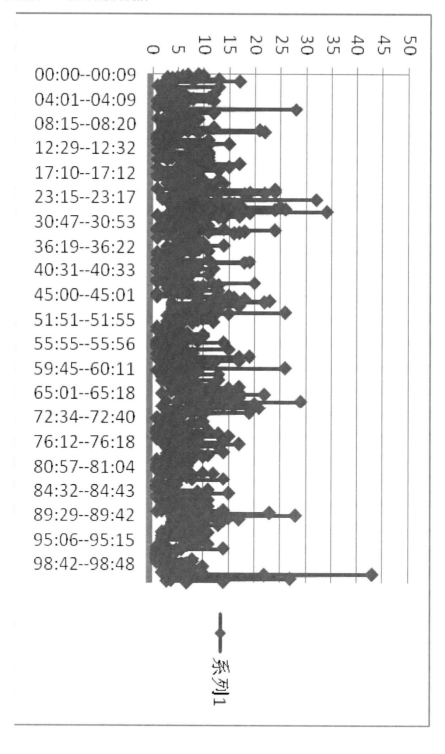

說明：《小玩意》殘片時長 103 分 10 秒，共 811 個鏡頭。其中：

甲、小於和等於 5 秒的鏡頭 423 個，大於 5 秒、小於和等於 10 秒的鏡頭 247 個，大於 10 秒、小於和等於 15 秒的鏡頭 87 個，大於 15 秒、小於和等於 20 秒的鏡頭 30 個，大於 20 秒、小於和等於 25 秒的鏡頭 14 個，大於 25 秒、小於和等於 30 秒的鏡頭 7 個，大於 30 秒、小於和等於 35 秒的鏡頭 2 個，大於 35 秒、小於和等於 40 秒的鏡頭 0 個，大於 40 秒、小於和等於 45 秒的鏡頭 1 個，大於 45 秒、小於和等於 50 秒的鏡頭 0 個。

乙、片頭鏡頭 9 個，片尾鏡頭 1 個，黑屏鏡頭 8 個；字幕鏡頭 115 個，其中交代劇情的鏡頭 11 個，交代人物鏡頭 0 個，對話鏡頭 104 個。

丙、固定鏡頭 572 個，運動鏡頭 105 個。

丁、遠景鏡頭 9 個，全景鏡頭 171 個，中景鏡頭 191 個，近景鏡頭 199 個，特寫鏡頭 107 個。

（數據統計與圖表製作：時小鑫，核實：李棄雄）

專業鏈結 4：影片觀賞推薦指數：★★★☆☆

甲、前面的話

1930 年 8 月，聯華影業公司成立，出品的第一部影片《故都春夢》就是由孫瑜導演的，結果市場反響熱烈：「在上海、香港、廣州、天津、南京等大城市公映時都打破了賣座記錄」[1] P150；到 1937 年年中公司解散，孫瑜總共爲「聯華」編、導了 13 部影片，並爲 1 部影片提供了劇本：即 1930 年的《故都春夢》、《自殺合同》、《野草閒花》，1931 年的《自由魂》（《碧血黃花》，劇本），1932 年的《野玫瑰》、《共赴國難》、《火山情血》，1933 年的《天明》、《小玩意》，1934 年的《體育皇后》、《大路》，1936 年的《到自然去》，1937 年的《瘋人狂想曲》（集錦片《聯華交響曲》之七）、《春到人間》[1] P603~612。

　　現在公眾可以看到的只有《野玫瑰》《火山情血》《天明》《小玩意》《體育皇后》《大路》和《瘋人狂想曲》，正好是孫瑜爲「聯華」貢獻的全部作品數量的一半；本文討論的《小玩意》，由於不屬於「俏佳人」影碟系列，雖然在大陸市面上留傳不廣，但它卻是由（北京）中國電影資料館掛名監製、少數能夠公開傳播的館藏早期國產影片之一。

　　從現在能夠看到的 7 部影片來看，孫瑜對早期中國電影最大、最突出的貢獻，就是在左翼電影領域取得的卓越成就。就早期中國電影、尤其是 1930 年代的國產電影而言，最能體現時代精神風貌、引領時代潮流的影片類型，當屬在 1932 年和 1933 年先後興起的左翼電影和新市民電影。從這個角度說，孫瑜的左翼電影、尤其是早期左翼電影創作，不僅是中國左翼電影的濫觴者、開創者，以及最高代表之一，而且，他和他的作品爲 1930 年代中國左翼電影在整體性質、表現模式和藝術風格上提供了典型性範本，在很大程度上直接影響和左右著 1949 年之前中國電影的歷史流變和藝術風貌，並且，由此奠定了 1949 年後延續至今的中國大陸電影文化生態和創作與表現模式的精神基礎。

　　單就現存的、公眾可以看到的 1933 年的左翼電影而言，孫瑜編導的《天明》、《小玩意》，與卜萬蒼編導的《母性之光》（原作：田漢），最能夠體現左翼電影諸多主要特徵，這是出品方聯華影業公司和編導孫瑜在左翼電影製作領域的傳統性延續。

　　如果說，孫瑜在 1932 年的《野玫瑰》是多少以一箇舊市民電影爲模本改制的左翼電影，同年的《火山情血》是將舊市民電影中的暴力元素轉換爲左翼電影中的暴力革命，卜萬蒼根據田漢原作編導的《母性之光》以強調左翼電影對階級意識和階級鬥爭的宣傳以及以階級觀點來分析和塑造人物見長的話，那麼，孫瑜在 1933 年的《小玩意》，則是集中了上述 3 部影片所有的特點，並且是在藝術感染力方面有超常發揮的左翼電影傑作。

乙、左翼電影的出現、民族主義立場的來源及其抗日救國理念的表達

在傳統的電影史研究中，一般認為左翼電影的出現與興起是 1933 年，其標誌分別是夏衍（化名丁一之）編劇、明星影片公司出品的《狂流》[1] P203，以及田漢編劇、聯華影業公司出品的《三個摩登女性》[1] P250〔註 1〕。現在看來，左翼電影的興起實際上應該從 1932 年孫瑜編導的《野玫瑰》和《火山情血》算起，即我所謂的早期左翼電影，因為，這兩部影片已經基本奠定了左翼電影的整體基調、確立了左翼電影的製作和表現模式；即使姑且承認左翼電影在 1933 年興起，那麼，孫瑜在 1933 年還有《天明》和《小玩意》這兩部重要的左翼電影作品。

左翼電影出現後，迅速成為 1930 年代中國主流電影的重要構成部分。事實上，左翼電影所有的主要特徵、所取得的重大成就和突破，包括它在思想和藝術方面的局限性、缺陷或其它不足之處，都可以在孫瑜的這 4 部影片中找到諸多例證。換言之，左翼電影的興起、發展、流變與歷史性定位，乃至創作、表現和人物塑造模式，都是在孫瑜 1932 年編導的《野玫瑰》與《火山情血》的基礎上生發和完成的。

1932 年，是中國早期電影歷史上新舊電影交錯的年頭，就現存的、公眾可以看到的影片來看，舊市民電影餘息尚存，譬如明星影片公司投入鉅資推

〔註 1〕這兩部影片現在公眾無從得見，從文本實證的角度說，我無法支持這個論斷。《中國電影發展史》是在 1960 年代初期編撰出版的，經歷了 1950 年代初期由最高領袖親自發起的對電影《武訓傳》全國性大批判，作為影片編導的孫瑜，此時的政治待遇和社會地位早已和他當年的左翼電影同仁有天上地下的區別。因此，左翼電影的首創者、旗手與最高代表之一這樣的政治頭銜和藝術桂冠顯然不能讓偉大的電影導演孫瑜染指。

出卻在市場回報上全面失敗的6集大片《啼笑因緣》（編劇：嚴獨鶴，導演：張石川），而聯華影業公司在同年出品的《南國之春》（編劇、導演：蔡楚生），已經呈現出新舊交錯的特徵，即影片在整體性質上屬於舊市民電影，但左翼思想元素依稀可辨。

而這一年，孫瑜編導的《野玫瑰》和《火山情血》，不論留有怎樣的舊市民電影痕跡，它們屬於左翼電影是確定無疑的。而同樣脫胎於舊市民電影、但在保留其主體框架之下、摻入左翼思想元素的新市民電影，譬如明星影片公司出品的《脂粉市場》和《姊妹花》則出現於1933年。在這個意義上說，孫瑜及其作品對中國早期電影新、舊時代的劃分與貢獻功莫大焉；事實上，1933年的《小玩意》是孫瑜百尺竿頭更進一步的左翼電影代表之作。因為，它首先為當時和後來左翼電影當中民族主義立場的激進表述奠定了基調。

民族主義立場是1930年代中國左翼電影生成的社會背景和文化基礎，其來源之一，就是隨著1930年代中國民族資本主義經濟的迅速發展，民族主義的話語能力和聲音逐漸增強、放大；與此同時，國民黨南京政府在1927年名義上統一中國之後，國家意志和政黨話語體系雖然已經初步形成，但它的精力和能量更多地消耗在與其他政治集團的政治權力和軍事角鬥之中，反映在文化領域譬如電影製作上更是相對弱化──1935年「聯華」公司出品的《國風》和《天倫》在思想和市場上的雙重失敗就是證明（請參見我對這兩部影片的專門討論）。

因此，一方面，在1930年代的中國電影中，只有左翼電影明確地站在民族主義立場並以激進的話語方式堅持己見；另一方面，1933年的《小玩意》要比1932年的《天明》《火山情血》和《母性之光》的表述更為激進。譬如，影片給主人公葉大嫂（阮玲玉飾演）安排了一個小手工業製作者的社會身份

背景，並且自始至終用這個人物形象來強調民族工業的興盛和國家富強之間直接和必然的聯繫。

　　葉大嫂不過是中國社會底層——江南小鎮上的一個小生產者，但她卻從行業自身的生存處境，發現一個影響全社會和全民族的重大問題，那就是國家的富強或者說富國強兵應該從振興民族工業著手。所以，影片又特地給葉大嫂安排了一個情人（追求者）、大學生袁璞這個人物。袁璞受到葉大嫂的激勵，出國留學，學成歸國後興辦了大中華玩具製造廠，抵禦外國同類產品對國內市場的壟斷並獲得成功。顯然，這兩個人物和所謂大中華玩具製造廠是用來指代和象徵中國底層民眾、知識分子階層和民族工業。

　　僅此而言，《小玩意》的思想高度不僅是其它類型譬如新市民電影無法企及的，也超越了孫瑜自己的其它左翼電影作品。在 1930 年代，由於民族經濟和民族工業又與民族的現代性、獨立性以及民族尊嚴緊密地聯繫在一起，因此，《小玩意》的思想主題又必然表現在抗日救亡理念的提出。

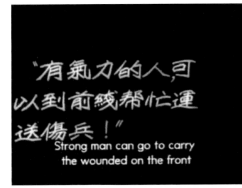
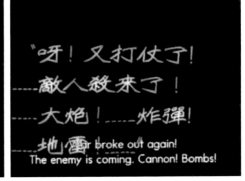

　　其次，左翼電影一個重要特徵就是反強權，這也是其民族主義立場的第二個來源。反強權的指向有兩個方面：對國外針對的是以日本為代表的侵略中國的西方列強，對國內，它的目標指向日益強化獨裁的民國政府及其執政黨的思想體系。由於政府對日政策的妥協和電影檢查機關的嚴厲控制，1933年的左翼電影，抗日救亡只能以隱晦的形式來表現，即使是到了 1936 年的國防電影運動中，也不可以出現抗日救亡的字眼和場面。因此，許多左翼電影經常用軍閥混戰的歷史背景、以及「敵寇」「敵人」這樣的指代曲折地表現民間強烈的抗日呼聲。

　　而《小玩意》的抗日救亡理念和呼號直接建立在現實基礎上，影片明確地表現了 1932 年日本軍隊侵略上海的「一・二八」事變，甚至有中、日兩國

軍隊正面作戰的場景，直接發出「中國軍人洗刷歷史恥辱的時候到了」的呼籲。這是左翼電影在歷史上了不起的貢獻和激進表述之一。換言之，在 1932～1933 年中國國產電影從舊向新轉化演進的過程中，左翼電影作爲新電影類型之一，它的一個特徵和貢獻就是直面當下，即時反映中國社會整體和民眾生活的改變。左翼電影的強烈時代精神和先鋒意識，一直是舊市民電影和新市民電影缺乏的內在品質〔註 2〕。

《小玩意》在體現左翼精神和左翼立場的同時，孫瑜將個人命運與國家、民族整體聯繫在一起，譬如葉大嫂一直在表白，一個國民應該盡自己最大的義務。從小的方面說，她是要維持她的小工業作坊、製造小玩意的工藝和產品不被洋貨所吞噬；從大的方面講，促使國民盡早覺醒、開發民智，進而振興民族工業。

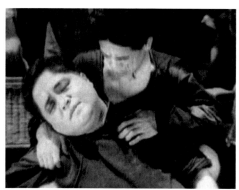

從這一點說，左翼電影並不是孫瑜個人作爲導演生硬演繹某種抽象的理念或者口號而拍攝的作品。左翼電影其實是一種時代精神、先進思想在社會和現實生活中的反映，同時，也是當時電影市場的剛性需求——直接滿足普通民眾對抗日救亡時政信息的索取、對個人和整體命運關係予以關注的心理訴求，更是知識分子階層試圖改變現實社會的行爲意識在實踐層面的直接體現。

〔註 2〕 譬如葉大嫂形象、直白的抗日救亡口號：「挺起胸口朝前上」。中國的左翼思潮和左翼運動從來就不只是一個符號或代碼，而是一種立場，是一種對待、反映現實的方式：左翼的立場從來都是激進的，方式是現實主義的，就是直面當下慘淡的人生。現代中國文化在 1930 年代在文學領域的反映，就是一直延續著 1920 年代魯迅開創的現實主義的路線向前行進的，1910 年代中後期到 1920 年代，中國新、舊文學的重要區別之一就是是否迴避現實，或者說面對現實採取怎樣一種人生態度。

　　實際上，包括《小玩意》在內的左翼電影一直與聯華影業公司的製片路線、市場走向相吻合。早在 1929 年 12 月，聯華影業公司成立前夕，兩位主要創始人羅明祐和黎明偉提出的主張就是「復興國片、改造國片」[1] P148；1933 年初，羅明祐更明確地將製片方針具化爲「挽救國片、宣揚國粹、提倡國業、服務國家」的「四國主義」[1] P246。

　　這也是爲什麼同樣屬於大製片公司、同樣是國產電影的主要出品中心，幾乎所有的左翼電影都出自「聯華」，而「明星」公司幾乎包攬了所有的新市民電影製作的根本原因：「聯華」的製片理念和市場路線要比「明星」更早覺醒、更爲自覺、更爲激進，當然成效也更大——直到 1932 年，「明星」的創始人之一的鄭正秋才從當初（1920 年代初期）倡導的「教化社會」理念開始向「電影負有時代前驅的責任」的認識轉變[1] P236。

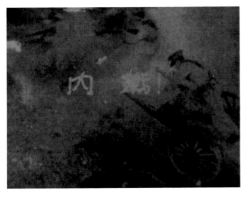

丙、《小玩意》：兩段式組合與藝術感染力的超常發揮

　　《小玩意》明顯地分成兩個部分，影片的前半部分背景放在農村，帶有濃重的舊市民電影模式痕迹，這與人物形象的初始定位和主演阮玲玉自身既定的表演模式有關。女主人公葉大嫂的年齡其實不是很大，即使給她安排了一雙兒女，她的年齡也就是 20 歲左右，「大嫂」的稱謂在當時更多的是強調女性的已婚身份。阮玲玉飾演的這個人物放在現今就是「熟女」，即一個很招男人的性感成熟女人。

　　實際上編導也是從這個角度爲她安排戲碼的，（這也是舊市民電影的傳統套路和強項）。葉大嫂在影片中的表現，與其說與她的職業特點有關——作爲小手工業者兼小商販，她必須拋頭露面，與各色人等打交道，尤其是要和包括心懷不軌的男性顧客周旋——倒不如說是她的個性性格使然，譬如影片特

意給了一個她俯身趴在未婚青年老趙胸前縫衣服的鏡頭；更重要的是，她嫁的是一個武大郎式的既醜又沒什麼本事的小男人（中年婦男），所以旁人評價她是「一朵鮮花插在牛糞上」〔註3〕。

正因如此，葉大嫂有一個瘋狂地愛著她、並且願意為了她拋棄一切、跟她浪迹天涯的情人，而且這個情人還是個年輕的大學生。從這個意義上說，葉大嫂這個人物與飾演者一樣頗具姿色，觀眾也確實能體會到孫瑜要賦予這個人物不同於一般的女性風貌。但問題在於，葉大嫂這個人物的性格是主演阮玲玉是演不出來的，或者說，在影片的前半部分，阮玲玉的演繹和表現無法完全到位。

阮玲玉歷來擅長扮演悲劇角色或悲情女性形象，葉大嫂這個人物如果讓「聯華」公司其他當紅女星譬如黎莉莉或王人美來出演，那種性感風騷也許才可能出彩到位──黎莉莉在本片中飾演女兒，她的體貌（影片中特意展示那雙健美性感的大腿）和個性氣質其實更符合熟女的外在和內在要求；所謂熟女一般都有種大無畏或曰渾不吝的心理氣質。黎莉莉和王人美唯一缺乏的，是阮玲玉飽經滄桑的內心世界和容貌神態。顯然，阮玲玉在這方面受到體型和氣質的局限，並不契合。

因此，影片的前半部分沒有辦法很好地展開，直覺上給人一種很怪的感覺。這是演員的演藝歷史背景造成的：阮玲玉是從舊市民電影時代入道起家的電影演員，她的容貌、性格特徵與表演風格擅長出演那種哀怨的尤其是被人拋棄的女性人物；在左翼電影中，除了《神女》（似乎是專為阮玲玉量身打造的），女性形象的柔媚中都不無體貌和精神上強健、剛性的一面。顯然，阮

〔註3〕其實自古至今，鮮花都是插在牛糞上的。許多男人終其一生是努力爭取做一團好牛糞。與此同理，大多數天鵝最終都是被癩蛤蟆吃掉的。

玲玉的氣質與這類女性形象的對接很是吃力，這也是影片的前半部分自成片
段的一個原因。

　　但在影片的後半部分，隨著丈夫去世，兒子被賊人拐走，女兒死在「一·
二八」戰火中，葉大嫂精神失常……。與其說是這些突發事件改變了葉大嫂
的性格和生活軌道，倒不如說，從此之後這個人物的一切行爲意識都開始與
阮玲玉的氣質和表演風格合拍押韻，即回覆到怨婦和苦命不幸女人的角色與
身份上來。

　　因此，影片的後半部分，一方面從舊市民電影的固有的模式和運行軌道
上脫離開來，另一方面，阮玲玉扮演的葉大嫂極具藝術感染力，不僅突破了
她自己富有阮氏符號的表演模式的限制，而且是超常發揮。換言之，葉大嫂
終於回歸不幸的苦命女人類型，而阮玲玉特有的哀怨氣質，與她以往扮演的
局限於家庭層面或個人層面的男女之情不同的表現之處，是加入了家國一體
的個人命運與時代氣息的豐富內涵。

　　這是孫瑜有意識爲阮玲玉打造的左翼電影新女性形象，正是在這個背景
與基礎上，影片中葉大嫂瘋狂之後呼籲民眾救國、抵抗侵略的行爲才具有眞
實性和邏輯性。而對主演阮玲玉來說，她的個人表演不僅突破了以往的窠臼，
其藝術感染力也與她在左翼電影中塑造的諸多人物形象不同——只有在《神
女》（聯華，1934）這樣偉大的藝術傑作中，她飾演的阮嫂才有如此激烈起伏
的人物性格演變並令人震撼。在這一點上，同屬於無聲片時代的《小玩意》
所取得的藝術成就與《神女》這樣的左翼電影的經典之作，幾乎可以比肩而
立。

　　實際上，無論是在 1930 年代中國電影的範圍內，還是在左翼電影的類型
框架裏，《小玩意》的藝術感染力都是超常的，尤其是影片後半部分回歸左翼

電影的製作軌道後，使得編導對底層民眾中更加弱勢的女性悲慘命運的展示，具有強大的藝術感染力並得以迸發。其中最讓人難以忘懷的就是「母子相見」和「情人相見」兩場戲的處理。

在前一場戲中，一個富人家的少爺來到已經精神失常的葉大嫂的小攤上買玩具，這其實就是葉大嫂當年被賊人拐賣的兒子。母子乃人倫至親，生身骨肉、血肉相聯，但母子相見卻不相識，世間悲慘，莫過於此。這才是影片眞正的高潮。「情人相見」是類似的感傷場景，依然是相見不相識：當年的追求者、年輕學子袁璞聽從葉大嫂的囑咐出國留學，如今學成歸國，創建民族工業品牌成功，但是當他再次見到自己往昔一往情深的情人時，這個女人已經半瘋半傻、不認識他了〔註4〕。

這兩場戲的時長加起來一共有十分鐘左右，約占整個片長的十分之一，可以說是高潮迭起。以往的電影史研究多注重葉大嫂抗日救亡的呼號、多從影片意識形態宣傳的意義著眼考量[1] P268～269。事實上，葉大嫂對抗日救亡的呼號是建立在母子、情人相見不相識的感情戲基礎之上深化出來的，雙方各失所依，都是人間至痛、人生悲劇，明白了這一點，理解葉大嫂這個人物對抗日救亡理念的呼號宣傳才落到了實處。

因為說到底，1930 年代中國左翼電影中體現的左翼精神還有一個重要的特徵，那就是在所謂的階級性、宣傳性、鼓動性、暴力性之外，還有一個反映、同情弱勢階層尤其是弱勢個體的特徵，譬如深切關注那些弱勢中的弱勢，底層中的底層，農村中的女性，城市裏的男女民工，女工中的性工作者，……。其實，反映、同情只是言說者的字面表述和外在感性形式，左翼精神的背後

〔註4〕這倒留下一個懸念，這個功成名就、財力雄厚的年輕男人會擔負起照料這個可憐女人後半生的重任嗎？

有著強大的人道主義思想資源和人性柱石的支撐，以及中國知識分子對現實
敏銳的感觸。

　　具體縮小到《小玩意》中，葉大嫂所有的呼號都可以落在實處。為什麼
要抗日救國，「挺起胸膛朝前上？」因為國家和民族富強之後，她的小生意攤
子、小工藝產品才能夠繼續維持、不會破產；國富民強了，她的孩子就不會
被別人偷走，也就不會有媽媽不認識孩子、孩子不認識媽媽的悲劇發生。

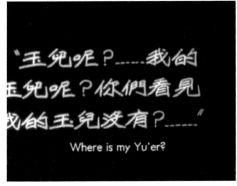

　　換言之，一般觀眾能在左翼電影中看到和感知的是對弱勢階層和更弱小
者的女性的同情〔註5〕，而左翼電影作為新的電影，它的出現和興盛又是電影
市場的一種需求，從政治上說，它滿足了民眾對抗日時局和民生信息的索取。
因為從1931年的「九·一八」事變到1932年的「一·二八」抗戰，都是影
響到絕大多數中國民眾的大事件。左翼電影在滿足了觀眾的同時，它基於人
性的先鋒性和革命性特徵也表現無遺。

〔註5〕　中國一直是等級森嚴的傳統社會格局，強權政治時代，官員是強勢階層，男
　　　　性平頭百姓雖然已經是弱者，但正像魯迅所描述的，作為弱者的男人還有一
　　　　個更弱小者可以驅使，那就是他的老婆孩子〔2〕。

丁、結語

　　孫瑜在 1932 和 1933 年編導的 5 部影片，除了《共赴國難》現在無從尋覓外，在《野玫瑰》《火山情血》《天明》《小玩意》4 個片子中，《小玩意》的藝術成就最值得稱道，一些表現手法也是不得不提的。譬如葉大嫂發現兒子丟失暈倒後，用的是主觀性鏡頭，趕來救助的鄰居在她眼裏變得模糊而搖晃；類似的鏡頭處理還用在袁璞尋找葉大嫂時，看到的滿眼都是荒蕪的家園。這在 1933 年的國產影片當中的確少見。不論在何種意義上，孫瑜都是中國電影史上繞不過去的一關〔註6〕。

戊、多餘的話

子、左翼電影的新

　　表現之一就是有新的人物形象。因此《小玩意》的前半部分，儘管像舊市民電影，可是葉大嫂的情人、大學畢業生就是新人物，（直到 1980 年代，大學畢業生都屬於精英群體），更不要說袁璞後來更成為留學生，然後再成為「海歸」，再以後是高科技園的 CEO。對於袁璞（袁叢美飾演），編導除了延續一個演員姓什麼，他飾演的人物就姓什麼的傳統之外，還另有講究。所謂璞就是待加琢磨的玉石，那麼琢磨（打造、成就）他的是誰呢？是出生於底層、沒有文化的婦人葉大嫂。這反映了在左翼電影中，作為主導者的知識分子的一種主動退離和反省姿態：面對現實，尤其是抗日救亡運動，知識分子

〔註6〕 1949 年前是如此：1949 年後更是一塊豐碑。在 1950 年被大陸當局嚴厲批判的《武訓傳》，其實是一個左翼電影模式長期硬化後的一部平庸之作。譬如影片把左翼電影的諸多歷史性缺陷、通病表露無疑。譬如武訓的捐資辦學其實就是一個缺乏黨組織的政治意圖表述──完全符合 1949 年後大陸電影體系的各種剛性要求。問題是，對《武訓傳》的批判，不僅沒有埋葬孫瑜作為偉大的電影編導的歷史，反而為他樹立起一座後人無法迴避的里程碑。

發現了自己的局限和無能，因此左翼電影才將歷史重任讓位於以工農階層爲代表的底層民眾。

丑、在2007年的今天再看《小玩意》，令人感慨萬千

影片的英文原譯是TOYS，實際上具有雙重指示功能，一是指葉大嫂這類人物不過是中國社會底層民眾的代表，二是指葉大嫂做的玩具產品──當然是民族特色玩具，要振興民族玩具工業，要抵禦外國產品或者外來資本主義侵佔中國市場。從2005年前後開始，中外貿易摩擦不斷，譬如美國人抱怨大陸製造的玩具含鉛量超標，歐洲人抱怨大陸產品傾銷加劇……事實是，世界各國尤其是發達資本主義國家已經離不開中國製造了（Made in China）。當年向中國進行經濟剝削和產品傾銷的大佬，現在要保護他們自己的民族工業和國內市場了，這是一個多麼了不起的進步。這也說明，1933年的孫瑜是一個多麼了不起的電影導演、多麼具有歷史前瞻性。人們總說藝術是超越時空的，其實許多人包括專家並不知道那到底是什麼意思〔註7〕。

初稿時間：2007年12月26日
初稿錄入：李慧欣
二稿改定：2008年1月19日～23日
校訂配圖：2015年1月3日～6日

〔註7〕 除了戊、多餘的話外，本章的主體部分在收入《黑白膠片的文化時態──1922～1936年中國早期電影現存文本讀解》（列爲第18章）之前，曾以《民族主義立場的激進表達和藝術的超常發揮──對聯華影業公司1933年出品的〈小玩意〉的當下讀解》爲題，發表於2008年第5期《汕頭大學學報》（雙月刊）。特此申明。

參考文獻：

〔1〕程季華，中國電影發展史：第 1 卷〔M〕，北京：中國電影出版社，
　　1963。

〔2〕魯迅，墳·燈下漫筆〔M〕//魯迅全集：第 1 卷，北京：人民文學出
　　版社，1991：215～216。

Radical Expressions of Nationalism and Extraordinary Exertion of Artistic Communication in Left-wing Films: A Contemporary Interpretation of Bauble Produced by Lian Hua Film Company in 1933

Abstract: Sun Yu, as the forerunner of China's left-wing films, offers, in his works, typical models for China's 1930s left-wing films in terms of general property, expressive modules and artistic styles. The strengthening of national economy, anti-hegemony and the prevalence of the sense of anti-Japanese and salvation of China constitute the major sources of the aggressive standpoints of nationalism in *Bauble*. The first half of the film has heavy traces of the traditional citizen film. However, with the integration of the personality of the character and the temperament of its role player, Ruan Lingyu, "Son and Mother Encounter" and "Lovers Encounter" in the latter half of the film are examples of success demonstrating the gust of artistic communication of left-wing films。

Key words: Sun Yu; ；left-wing film ；nationalism; radical ；Ruan Lingyu ；

第捌章　現實政治的圖解和稀缺信息的影像傳達——《惡鄰》(1933 年)：跟風而起、順勢而作的左翼電影

閱讀指要：

　　被壓抑的民意訴求（日益高漲的抗日呼聲）和市場需求（對時政信息的正當索取）重疊所形成的信息稀缺局面，是左翼電影生成和出現的原因之一。像《惡鄰》這樣具有強烈左翼色彩的電影，有意識的把它的宣傳性置於首位。因此，如果單從藝術性方面考量，它可能沒有可以太多可以仔細推敲、追究的空間。然而《惡鄰》的製片方針和市場賣點，就在於它盡可能地完成了政治限制下的信息采集和信息傳達。《惡鄰》(及其類似影片) 概念大於形象，圖解勝於藝術表現，與其說觀眾在看一個電影，不如說編導在采集、傳播一種特定指向的、或幾種有所關聯並且能產生交互效應的稀缺信息。因此，觀眾被吸引、走進影院，就是為了接受這種傳達、感受這種效應。

關鍵詞：左翼元素：左翼電影：信息：稀缺：採集：傳達：

專業鏈接 1：《惡鄰》（故事片，黑白，無聲），月明影片公司 1933 年出品。VCD
　　　　（單碟），時長 41 分 15 秒。

　　〉〉〉 **編劇、說明**：李法西；**攝影**：任彭壽。

　　〉〉〉 **主演**：鄔麗珠、張雨亭、王如玉、王東俠、馬鳳樓。

專業鏈接 2：原片片頭字幕及演職員表字幕（標點符號為錄入者添加）

　　充滿刺激性警世名片。

　　《惡鄰》。

　　月明影片公司出品。

　　編劇、說明：李法西；

　　攝影：任彭壽；

　　美術、布景、書幕：鄭逸生。

　　導演：任彭年。

　　演員表：

　　　　　　鍾國芬——鄔麗珠，

　　　　　　黃華仁——張雨亭，

　　　　　　鄔質華——王如玉，

　　　　　　黃暉士——王東俠，

　　　　　　黃猷——馬鳳樓，

　　　　　　白金濟——何非光。

專業鏈接 3：影片鏡頭統計

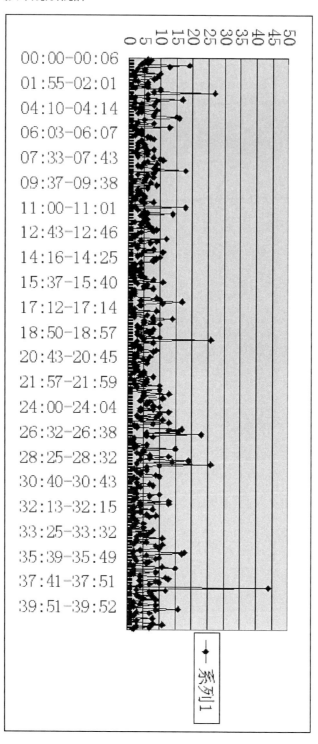

說明：《惡鄰》全片時長 41 分 15 秒，共 435 個鏡頭。其中：

甲、小於和等於 5 秒的鏡頭 256 個，大於 5 秒、小於和等於 10 秒的鏡頭 132 個，大於 10 秒、小於和等於 15 秒的鏡頭 30 個，大於 15 秒、小於和等於 20 秒的鏡頭 12 個，大於 20 秒、小於和等於 25 秒的鏡頭 1 個，大於 25 秒、小於和等於 30 秒的鏡頭 3 個，大於 30 秒、小於和等於 35 秒的鏡頭 0 個，大於 35 秒、小於和等於 40 秒的鏡頭 0 個，大於 40 秒、小於和等於 45 秒的鏡頭 1 個。

乙、片頭鏡頭 6 個，片尾鏡頭 1 個；字幕鏡頭 84 個，其中，交代劇情的鏡頭 13 個，交代人物鏡頭 9 個，對話鏡頭 62 個。

丙、固定鏡頭 299 個，運動鏡頭 45 個。

丁、遠景鏡頭 0 個，全景鏡頭 109 個，中景鏡頭 57 個，中近景鏡頭 75 個，近景鏡頭 76 個，特寫鏡頭 27 個。

（數據統計與圖表製作：朱洋洋，核實：劉曉琳）

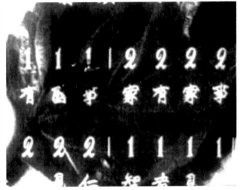

甲、前面的話

　　從中國電影史的發展角度看，1931 年以後，以家庭婚姻題材、才子佳人戲為代表的言情片、以「怪、力、亂、神」為代表的武俠片所構成的舊市民電影已經沒落[1] P182，其藝術審美領域和消費市場日趨萎縮；從當時中國社會現實狀況看，本土經濟和民族資本力量的迅速崛起、外國政治和軍事勢力的強力介入、國民黨中央政府日趨獨裁的專制統治，引發了影響全社會的一系列矛盾和衝突，⋯⋯。

　　1931 年 9 月 18 日，日本發動侵略中國東北的「九·一八」事變，1932 年 1 月 28 日，日軍又挑起侵略上海的「一·二八」事變。日本對中國侵略戰爭的擴大，一方面逐步打斷了中國社會的現代化進程，另一方面促使中國社會的政治和文化勢力向激進的、左的方向轉化。

　　就現存的、公眾可以看到電影文本而言，1932 年和 1933 年，左翼電影與新市民電影先後出現，它們共同的特徵就是迎合時代變化和市場需求、引進和使用左翼思想元素；二者的區別在於，新市民電影及時將左翼元素轉化為市場賣點，側重藝術消費，譬如《姊妹花》（明星影片公司 1933 年出品）；左翼電影則強化、凸顯左翼元素在社會意識形態和思想文化領域的批判性、反抗性和革命性，譬如聯華影業公司 1933 年出品的《天明》、《母性之光》和《小玩意》等。

　　永遠不應當忽略和低估左翼電影在中國現代文化進程中的積極因素和革命作用，但是，左翼電影自身的缺陷和通病，譬如主題先行、思想大於形象、政治圖解和符號象徵壓抑藝術表達，以及對宣傳鼓動效應的功利化追求、對舊市民電影言情戲和武打戲的硬性移植套用，也同樣不能被忽略和低估。1933 年，各製片公司紛紛仿傚明星影片公司和聯華影業公司，與時俱進，開始拍攝帶有左翼元素和左翼色彩的影片[1] P285～287。

　　如果說，經典的左翼電影意味著將左翼電影自身的缺陷和通病控制在最低限度的話，那麼，中、小製片公司跟風而起的左翼電影製作則將其缺陷和通病表露無遺，月明影片公司 1933 年出品的《惡鄰》就是一個例證。《惡鄰》沒有太多的思想深度和藝術特色可以追究，但它對當下信息突破政治限制的直接傳達和通俗化表述，對於中國民眾現代民族意識和國家意識的培養和強調卻具有一定的現實意義。

乙、國際政治關係和中國現實處境的形象圖解

　　《惡鄰》片頭打出「充滿刺激性警世名片」的廣告，實際上基本說明了影片本身的思想和藝術特色：具有強烈當下指向意義的政治局勢圖解和批判

性左翼話語。影片中所有的人物和行爲表現，都可以和當時緊張危殆的國際國內矛盾、尤其是中日關係逐一對應。

譬如，主人公黃華仁的形象：「得先人遺產甚富，揮金如土，人稱之爲撒沙盤」（影片字幕）。歷史悠久、物產豐富的集體認知和「一盤散沙」的民族劣根性，的確是華人／中國人很好的自我概括，在 1930 年代面臨外族入侵之際，這種指認的確有警醒國人的現實意義〔註 1〕。

黃華仁最後的覺醒和反抗，有賴於妻子鍾國芬的推動──鍾國芬是「中國魂」的諧音，她的淵源和背景是「崑崙名拳師之女，相夫助家，鄰里皆稱之」（字幕）。這個正面形象的設定還是影片武打戲的伏筆。

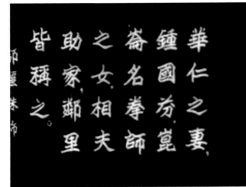 

有意思的是，既然黃氏家族代表中國（炎黃子孫），影片卻沒有安排黃家子女出現，而是塑造了黃華仁的妹妹黃斯文的形象，曰：「華仁家事頗倚重之」（字幕）。在鄰居白金濟將黃家奉爲精神支柱的《孟子》一書踩在腳下時，影片先是給出字幕：「國芬一去，斯文掃地矣」，意思是「國魂」喪失之後，中國只能是落得一個「斯文掃地」的下場；然後緊接著給出一個黃妹妹用掃帚掃地的鏡頭，這種對中國社會現實和未來的影像化圖解可謂痛心疾首，而又通俗易懂。但在整個影片中，這個人物形象的意義和作用僅在於此，信息傳達單一。

〔註 1〕 1911 年秋中國爆發結束滿清王朝帝國統治的辛亥革命，1912 年正式建立中華民國。但在 1927 年國民政府取得武裝北伐革命勝利、終結以北洋軍閥爲主的各派系軍閥的割據之前，中國在政治、軍事上處於國家權力分裂時期；1927 年後，國共兩黨結束政治軍事合作、公開以武力形式對抗，現代民族意識和國家觀念的確認和培養進一步受到損害。從 1931 年「九·一八」事變到 1937 年 7 月日本發動全面侵略中國的戰爭，在客觀上推動了中國各黨派和普通民眾對現代民族意識與國家觀念的明確。

白金濟是黃華仁（中國）的「西鄰」，影片說他「是殺人不見血之陰謀家，綽號笑面老虎」（字幕）。這個人物顯然是自1840年以來、近代歷史上普通中國民眾對西方列強的集體記憶，是對西方白人對包括中國在內東方各國經濟掠奪和政治影響的通俗稱謂，倒也形象到位。白金濟所在的鄉議會影射「國際聯盟」[1] P287。

「國際聯盟」成立於第一次世界大戰後的1920年，是1940年代第二次世界大戰中成立的聯合國組織的前身。現在的研究認為，「國際聯盟」對日本侵略中國的行徑一直給予譴責和干預，並一直積極迴護中國主權及其相關利益[2]。但在當時世界政治格局西方事務優先的大背景下，日本對中國的侵略沒有得到事實上的有效遏制，中國國內尤其是知識階層對此極為失望，《惡鄰》就反映了這種來自非官方的不滿情緒。

鄔質華是白金濟的表妹，這個人物一方面是輸入中國的西方物質的隱喻（「鄔質」即物質，指「堅船利炮」，「華」是指代華而不實的「奇技淫巧」，附屬於物質的西方文化屬性），所以這個女人外貌「美而豔」；另一方面，她在情感上與白金濟「有染」[3] P2476，是國人對作為「蠻夷之邦」的西方社會兩

性關係的世俗讀解；在影片中她是白金濟用來蠱惑引誘黃華仁（中國人）的禍水，黃華仁後來疏遠冷落了妻子鍾國芬而娶鄔質華爲妾，比喻中國人在西方物質文明前面「國魂」的淪落和民族立場的喪失。

「黃」姓指的是黃種亞洲人，「猷」（音由）本義是計劃、謀劃的意思。因此，作爲「東鄰」的「黃猷」一家，顯然是影射對中國有野心的日本民族：黃猷是「軍閥走狗，恃強逞霸，鄉人呼之爲惡狗」（字幕）。

黃猷的兒子叫暉士，此人「勾結流氓，助父爲惡，混名黃矮子」（字幕）；注意，「暉士」這兩個字拆開就是日軍士兵，明顯指代當時的日本軍人政府，所謂「黃矮子」就是民間所說的小日本兒和鬼子兵——這是製片方對政府當局不允許出現「抗日」字眼的規避動作。

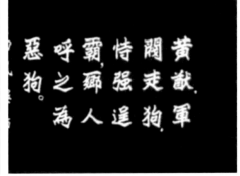

《惡鄰》爲黃猷安排了妻子牛氏：「青春時姿容秀麗，有東方美人之譽」（字幕）。這樣的形容可能是對古代歷史上謙恭地向中國學習的日本民族的概括，而在近代意義上，這個形象與「西鄰」的鄔質華相呼應。同樣是女性，牛氏沒有鄔質華那樣明顯地惡劣行爲，戲份也很少，只是在影片一開始抱怨自家「只有桑地三塊」，要黃猷想辦法解決生計。這是影射日本在 1931 年「九‧一八」事

變後對中國東北地區三個省份的全面佔領——1932年3月，日本扶持被中國政府廢黜的最後一代滿清王朝皇帝溥儀成立了偽滿洲國，公然分裂中國領土。

　　整部影片中類似的人物比喻和細節影射還有許多，譬如用黃華仁的住所「一百二十八號」影射日本軍隊進攻上海的「一·二八」事變；率領農夫痛打暉士的蔡馬夫分別指代馬占山（1885～1950）和蔡廷鍇（1892～1968），馬占山在「九·一八」事變後出任黑龍江省（當時稱合江省）政府代理主席兼軍事總指揮，他在東北集合各路武裝，以各種方式（包括詐降）頑強抗擊日軍，蔡廷鍇是「一·二八」事變爆發時駐守上海的中國軍隊第十九路軍軍長，蔡、馬二人都是當時舉國稱頌的抗日英雄將領；黃華仁迷戀鄔質華，耗費千金買來一隻玉瓶，後來在妻子鍾國芬（「中國魂」）和農夫們的啓發、哭述中覺醒，將玉瓶摔碎，暗喻面對侵略，「寧可玉碎、毋爲瓦全」[3] P2477 的凜然大義⋯⋯。

丙、突破政治限制的稀缺信息的採集和傳達

　　1933年是左翼電影大行其道的時候，或者說從這一年開始，左翼電影和

具有左翼傾向的電影成爲國產影片的主流。它的特點是有鮮明的、強烈的和激進的理念，批判和譴責的矛頭直指當下，其領域從政治、文化、傳統、外交直至婚姻倫理和生活習俗，《惡鄰》是其中的一個代表。面臨日本帝國主義全面侵略、中華民族生死存亡的緊急關頭，《惡鄰》情節和人物的設置，實際上就是一種概念和理念形象化的圖解手法，這也是左翼電影的一個共通特點。

因此，如果說這類影片是宣傳赤化，宣傳抗日，宣傳革命（武裝革命和暴力革命），倒也恰如其分，這樣的宣傳和理念的傳達是和當時國民政府的官方政策針鋒相對的。事實上，《惡鄰》放映三天後，由於日本政府的強烈抗議，上海租界當局即予以禁映處分 [1] P288。

《惡鄰》（及其類似影片）概念大於形象，圖解勝於藝術表現，結果是與其說觀眾在看一個電影，不如說編導在采集、傳播一種特定指向的、或幾種有所關聯並且能產生交互效應的稀缺信息。因此，觀眾被吸引、走進影院，就是爲了接受這種傳達、感受這種效應；尤其是，當信息呈現出供應稀缺，而影片的圖象傳達能滿足群體、階層或全體民眾（至少是名譽或名義上）對利害關係的通俗讀解時更是如此。

　　事實上，從1931年「九‧一八」事變前後，執政的南京國民政府對來自日本的軍事侵略憂心忡忡、顧慮重重，作為一個在名義上統一國家不久的、正迅速走向獨裁的執政黨，面對內憂外患、錯綜複雜的政治局面，堅持「攘外必先安內」政策，對外爭取妥協，對內則在政治和軍事上以武力剿滅異己，在思想文化、社會輿論和藝術創作方面使用一系列的控制、打壓手段。

　　1932年「一‧二八」事變之後，根據中日簽定的「松滬停戰協定」，6月，國民黨中宣部通令上海各影片公司禁止拍攝關於（中日）「戰爭及含有革命性之影片」，對涉及東北局勢的新聞片、記錄片和故事片則予以刪剪或禁止拍攝；1933年9月，國民黨中央宣傳委員會所屬的電影事業指導委員會加強了對劇本和影片的審查和檢查力度；11月，國民黨外圍特務組織藍衣社，搗毀出品左翼影片之一的藝華影片公司並公開恐嚇左翼編導[1] P292～296。

　　在這種背景下，被壓抑的民意訴求（日益高漲的抗日呼聲）和市場需求（對時政信息的正當索取）重疊所形成的信息稀缺局面，正是左翼電影生成和出現的原因之一。顯然，像《惡鄰》這樣作為具有強烈左翼色彩的電影，有跟風而起、順勢而作的特點。《惡鄰》的藝術性讓位於它的宣傳性，換言之，

它是有意識的把它的宣傳性置於首位，忽略、損害了它的藝術性，（實際上，它是在所不惜）。因此，如果單從藝術性方面考量，它可能沒有可以太多可以仔細推敲、追究的空間。

然而《惡鄰》的製片方針和市場賣點，就在於它盡可能地完成了政治限制下的信息采集和信息傳達。這是至關重要的。這一點也是以往於對中國藝術作品，包括左翼電影在內的電影作品常常分析不到位的原因之一，（以往只注重從思想性、藝術性上去討論和關心它的意識形態價值和相關地位）。因為，從常識的角度來講，稀缺信息的攜帶及其由於合成而產生的社會效應，是藝術作品不可或缺的根本因素。

不能否認，這類以突破（或成功規避）政治限制、對稀缺信息的采集和傳達的作品並非沒有市場，有時候它們的市場還十分廣闊。類似的例子在中外藝術史上並非鮮見，因為在一定的環境條件下，尤其是在專制體制下，藝術作品所攜帶和傳達的信息本身就是其創作動機和目的的復合體，這就足已使它們快速擁有市場甚至轟動一時，成為時效性極強的著名作品；在這種情形下，作品的藝術性是可以被忽略的，至少可以放到第二位去考慮——《惡鄰》就是如此和應該被如此看待。

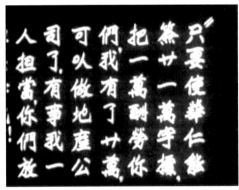

丁、結語

就現存電影文本而言，從1932年的《火山情血》、《南國之春》和《野玫瑰》，到1933年的《天明》、《母性之光》（均為聯華影業公司出品的無聲片），從《春蠶》到《惡鄰》，經歷的是一個從具有左翼色彩的影片（或曰早期左翼電影），到左翼電影形成高潮和模式的過程。在我看來，這些電影作品的一個終極目的是不謀而和的，那就是在主觀上追求藝術自由創作和表達自由、反

映民間呼聲、迎合大眾需求、切合市場賣點；在客觀上則從大眾文化層面，突破當局的政治鉗制、同時將不同集團和政黨的政治訴求整合進來〔註2〕。不要忘記，在 1930 年代，中國電影走的完全是一條私有化（民營化）、商業化的道路。

戊、多餘的話

　　子、《惡鄰》在思想性和藝術性上顯然無法和傳統意義上的、典型的左翼電影相提並論──譬如同時出品於 1933 年的《天明》、《母性之光》、《小玩意》（均為聯華影業公司出品），更不用說一年「聯華」出品的《大路》《神女》《新女性》，以及「電通」出品的《桃李劫》──但就單純的觀賞效果而言，《惡鄰》也不是一無是處。譬如專為黃華仁的妻子鍾國芬設計的那場孤女鬥群狼（一群流氓漢奸）的武打戲，今天來看，絲毫不比 2000 年後大陸出品的高科技和高成本的武打大片遜色。

　　丑、像《惡鄰》這樣藝術價值不高但以信息承載和傳達取勝的作品，從歷史到現在都並非鮮見。譬如，現在來看 1970 年代末和 1980 年代初期中國大陸的一些作品，可以說是家喻戶曉、眾口傳頌。其獲得成功、引起反響的關鍵之處就是因為作品承載和傳達了多種信息：有多年來對專制體制和主流意識形態和話語體系的懷疑、反思、批判，有民間意向和最高當局對國內外形勢、政策重合或相異的判斷……等等。而這些信息對大多數民眾尤其是知識階層而言，是無法從其他信息渠道（譬如官方掌控的新聞傳媒）獲取的。所以，一旦這些

〔註2〕比左翼電影晚一年出現的新市民電影，譬如其代表作《姊妹花》（有聲片，明星影片公司 1933 年出品）就是如此。它在改造舊市民電影框架的基礎上，及時加入流行的左翼思想元素（譬如對底層民眾的同情、對不同階級出身所形成的不同命運的質疑），從而獲得連續放映 60 餘天的高票房回報 [1] P239。

信息傳達出來就很快獲得認同，被迅速讀取、下載、複製和擴散，並在傳播過
程中，又與其他相關信息結合產生社會性交互效應。譬如……〔註3〕。

初稿時間：2005 年 3 月 10 日
初稿錄入：袁園、饒頲璐
二稿時間：2007 年 3 月 9 日～26 日
三稿校改：2007 年 7 月 15 日～21 日
四稿改定：2007 年 12 月 21 日
校訂配圖：2015 年 1 月 13 日～15 日

參考文獻：

〔1〕程季華，中國電影發展史：第 1 卷〔M〕，北京：中國電影出版社，1963。

〔2〕「國聯」尷尬面對 9 · 18：國際聯盟的調停，
　　http://cul.book.sina.com.cn/y/2005-09-19/1514141541.html。

〔3〕鄭逸生，惡鄰 · 本事//中國電影資料館：中國無聲電影劇本 · 下卷，
　　北京：中國電影出版社，1996：2476。

〔註 3〕從 2007 年 12 月 27 日開始，本章以單篇論文的形式（除了戊、多餘的話外），
　　向外投稿尋求發表，但始終未果：2009 年 7 月 15 日，我將其主體部分（約
　　4600 字）整合進《1933～1935 年：從左翼電影到新市民電影——用 5 部影片
　　單線論證中國國產電影之演變軌跡》（上）一文，刊發於《浙江傳媒學院學報》
　　2009 年第 5 期。收入《黑白膠片的文化時態——1922～1936 年中國早期電影
　　現存文本讀解》時，列為第 19 章。現在的閱讀指要是原成書版和未能單篇發
　　表的雜誌投稿版內容提要的合成；同時，恢復了成書版被刪節的**注釋 2**。特此
　　申明。

A Case of Middle and Small Film Production Companies Following the Left-wing Film Trend in 1930s' China: Evil Neighbor （1933） by Bright Moonlight Film Company

Abstract: Controlled citizen appeals （rising anti-Japanese-invasion voice） and market demands （properly acquiring current affairs and political news） result from shortage of information, which is a reason to bring the birth of left-wing films. *Evil Neighbor*, with strong left-wing style, deliberately highlights propaganda, therefore it hasn't much value to research and explore from art perspective. However, its production guideline and selling point are outstanding, because the film tries hard to collect information and convey information under the condition of political control。

Key words: left-wing elements; left-wing film; information; shortage; collect; convey;